Jürgen Werlitz • Margit Hummel

HEILGEBETE

Weltbild

HEILGEBETE

Inhalt

Einführung

»Dein Glaube hat dir geholfen. Geh in Frieden!« Wer wünschte sich nicht solchen Zuspruch und dann auch spontane Heilung, wenn er – für längere Zeit – schwer krank ist. Das Lukas-Evangelium berichtet von einer solchen Spontanheilung an einer Frau, die zwölf Jahre lang an Blutungen litt und von niemandem geheilt werden konnte. Als sie Jesus im Glauben an seine heilende Kraft berührte, hörte die Blutung auf (Lk 8,42-48).

Diese Geschichte ist beispielhaft für das Verhältnis von Glaube und Heil. Glaube und Heil gehören in jeder Religion zusammen. Glaube und Heilung des Menschen von Krankheit ist nur eine Facette dieses Zusammenhangs. Die Wechselwirkung von Glaube und Gesundheit, in den Religionen seit jeher bekannt, wird nun auch durch aktuelle wissenschaftliche Untersuchungen bestätigt: »Religiöse Menschen sind weniger oft im Krankenhaus, haben einen niedrigeren Blutdruck und scheinen besser gegen Herz-Kreislauf-Erkrankungen geschützt zu sein. Sie reagieren auf belastende Lebensereignisse und Krankenhausaufenthalte weniger häufig mit Depressionen.« Mehr als 1200 unabhängige (meist amerikanische) Untersuchungen, deren Ergebnisse in *Psychologie heute* (März 2005) angeführt werden, können nicht irren. Aber damit nicht genug: Gläubige Menschen erholen sich nach Krankheiten und Operationen schneller, brauchen weniger Medikamente, verfügen überhaupt über ein besseres

Immunsystem und hohe Stressresistenz. Der Unterschied zwischen gläubigen und ungläubigen Menschen in Bezug auf das Verhältnis von Krankheit und Gesundheit stellt sich ähnlich dar wie der zwischen Nichtrauchern und Rauchern.

Wenn solche Unterschiede in der Bewältigung von Krankheiten zwischen gläubigen und ungläubigen Menschen bestehen, stellt sich unwillkürlich die Frage, wie der Glaube wirkt. Ist der Glaube ein Wirkstoff, gleichsam ein Medikament, das sich ein Kranker selbst verordnen kann? Und wie muss dieser Glaube aussehen, damit er solche Auswirkungen bei einem Kranken entfaltet? Liegt vielleicht nicht einfach ein Placebo-Effekt vor?

In gewisser Weise kann man die letzte Frage bejahen, vor allem dann, wenn man darauf achtet, was bei der Verabreichung eines Placebos geschieht. Glaube ist zwar kein Placebo, sprich ein Präparat ohne Wirkstoff, aber damit sich der Placebo-Effekt einstellen kann, ist Glaube nötig. »Placebo« bedeutet: »Ich werde gefallen« – das heißt, das Präparat wird dem Kranken zusagen. Das trägt bereits eine Glaubensaussage in sich: Der Kranke, dem das Präparat verabreicht wird, muss glauben, dass es sich um ein wirkungsvolles Medikament handelt, und darauf vertrauen, dass es bei seiner Erkrankung wirkt. Selbst Wirkstoffe können unwirksam sein, wenn dieser Glaube und dieses Vertrauen fehlen.

Religiöser Glaube im eigentlichen Sinne geht natürlich wesentlich weiter als der für den Placebo-Effekt nötige Glaube, doch schafft er Voraussetzungen, die zu ähnlichen Ergebnissen führen. So vertraut der Gläubige in die Sinnhaftigkeit der eigenen Existenz und baut auf das Gefühl, von Gott geliebt und getragen zu sein. Solche Grundüberzeugungen ermöglichen eine Lebensbejahung, die auch im Krankheitsfall Heil bringend wirkt.

Grundsätzlich vom Placebo-Effekt zu trennen ist die Wirkung des Gebets für Kranke. Wenn für Kranke ohne deren Wissen gebetet wird und sie daraufhin gesund werden, während andere Kranke, für die das Gebet unterbleibt, krank bleiben, wird dies häufig als ein eindeutiger Beweis für die objektive Wirkung des Glaubens gewertet (vielleicht ist es ja auch nur ein Beweis für die Notwendigkeit des sozialen Miteinanders und Füreinanders). Leider ist dieser Beweis jedoch nicht zu erbringen, weil man keine Kontrollgruppe bilden kann. Selbst wenn man für bestimmte Kranke ohne deren Wissen Beter und Gebetskreise organisiert, kann man nicht ausschließen, dass für andere ausgewählte Probanden, die nicht entsprechend betreut werden, nicht auch gebetet wird. Die Fürbitte für Kranke ist schließlich ein Gebet, das seit jeher in jedem christlichen Gottesdienst seinen festen Platz hat.

Krankheit

Wir sprechen in diesem Buch von Krankheit, Kranken, Gesundheit, Heil und Heilung und möchten deshalb zunächst erklären, was wir unter diesen Begriffen verstehen.

Krankheit bezeichnet nach der herkömmlichen Definition eines aktuellen Konversationslexikons den außerordentlichen Ablauf von Lebensvorgängen als Reaktion des Organismus auf schädigende Einflüsse.

Jeder Krankheit geht also ein Prozess der Schädigung voraus. Dies können einschneidende Ereignisse sein, aber ebenso lang anhaltende schwierige Lebensumstände oder die Missachtung wichtiger Grundbedürfnisse wie gesunde Ernährung und genügend Schlaf.

Ein Teil dieser Einflüsse unterliegt der Willenslenkung des Einzelnen, anderen Einflüssen hingegen (Strahlenbelastung, Feinstaub, Mobbing, Unfall usw.) sind wir einfach ausgesetzt, ohne viel daran ändern zu können. Krankheit einfach als »Strafe für ein Vergehen« zu betrachten, wie es teilweise auch in kirchlichen Kreisen gesehen wird, ist also keine geeignete Interpretation des Sachverhalts, obgleich sie uns schon in der Bibel häufig begegnet, teilweise auch in biblischen Gebeten, wie sie im Folgenden präsentiert werden.

Der Körper gerät bei einer Erkrankung aus seiner Ordnung und funktioniert nicht mehr, wie wir es erwarten. Wenn ein Mensch deshalb nicht mehr ordentlich mittun kann, werden alle gewohnten Bezugssysteme in Frage gestellt. Krankheit ist daher nicht nur ein Geschehen in uns, sondern auch ein zwischenmenschlicher Prozess. Besonders deutlich wird dies im Begriff »kränken«. »Ich kränke jemanden mit etwas«, heißt es, und diese Aussage nennt den Urheber, den Adressaten und die Ursache der Krankheit: Ein Wort, ein Verhalten treffen eine andere Person in einer Weise, dass Krankheit ausgelöst wird. Die Neurowissenschaften konnten diesen Zusammenhang inzwischen auch experimentell nachweisen: Im Gehirn wird der Schmerz beispielsweise einer Stichverletzung in genau denselben Zonen verarbeitet wie eine Beleidigung oder unfairer Umgang und soziale Ausgrenzung. Mobbing müsste nach diesen Erkenntnissen juristisch eigentlich wie schwere Körperverletzung geahndet werden.

Die Krankheitsreaktion verhindert, dass wir weitermachen wie bisher. Wir brauchen Ruhe, eine spezielle Diät, kommen in ein Krankenhaus, werden vielleicht operiert. Unser Körper verändert sich durch die Krankheit. Selbst wenn es nicht mit bloßem Auge sichtbar ist wie Narben nach Verletzungen oder einer Operation, hinterlässt der überstandene Krankheitsprozess messbare Spuren, vor allem in unserem Immunsystem. Wir sind nicht mehr dieselben wie vorher, und unsere Umgebung muss, ebenso wie wir, sich den Veränderungen anpassen. Das zeigt, wie sehr Krankheit Veränderung erzeugt und Lernaufgaben stellt.

Krankheit ist ein außerordentlich mächtiges Geschehen, das wir gern vermeiden würden, wenn wir könnten. Manchen Menschen scheint dies auch für lange Zeit zu gelingen. Immer wieder beobachten wir Menschen, die nie krank sind, aber plötzlich durch eine schlimme Krankheit mitten aus ihrem aktiven Leben gerissen werden. Andere sind ständig kränklich und schwach, erreichen aber

trotzdem ein hohes Alter. Wir unterliegen daher einer Selbsttäuschung, wenn wir glauben, wir könnten Gesundheit ein für alle Mal als Besitz erwerben. Wenn kaum ein Mensch von Krankheit verschont bleibt, brauchen wir wirksame Mittel für den Umgang mit ihr. Und tatsächlich ist der Gesundheitssektor einer der größten Bereiche in unserem Wirtschaftssystem. Obwohl wir einen großen Aufwand treiben, müssen wir doch immer wieder die Vergeblichkeit unseres Versuchs akzeptieren, mit Technik und Geld Gesundheit zu erzwingen. Immer deutlicher wird, dass Gesundheit und Heil sich aus ganz anderen Quellen speisen, ja nicht einmal an körperliche Unversehrtheit gebunden sind.
Was ist passiert, wenn ein Rollstuhlfahrer erzählt, dass er vor seinem Unfall das Leben nicht so genießen konnte wie jetzt, wo er doch so offensichtlich in seiner Lebensgestaltung eingeschränkt ist? Was lehrt uns die Krebskranke, die erst durch ihre Krankheit gelernt hat, sich und ihre Bedürfnisse wahrzunehmen – und jetzt richtiggehend auflebt?

Gesundheit, Heil und Heilung

Ist Gesundheit nur die Abwesenheit von Krankheit und Gebrechen? Diese Definition ist heute glücklicherweise überholt. So hat auch die Weltgesundheitsorganisation (WHO) Gesundheit als den Zustand völligen körperlichen, seelischen und sozialen Wohlbefindens bestimmt. Darin deutet sich eine ganzheitliche Betrachtung der Thematik an:

Der Mensch wird nicht nur in seinem körperlichen, sondern auch in seinem seelischen Wohlbefinden und darüber hinaus im Gelingen seiner familiären und gesellschaftlichen Beziehungen gesehen. Gegenüber der älteren Auffassung von Gesundheit als Abwesenheit von Krankheit ist das ein klarer Fortschritt, gleichzeitig aber auch ein Rückschritt zu älterem Menschheitswissen. So war im alten Ägypten ein Segenswunsch üblich, der der Definition der WHO durchaus nahe kommt. Wenn man vom Pharao redete, fügte man wie selbstverständlich den Wunsch an: »Er möge leben, heil und gesund sein.« Leben im eigentlichen Sinne ist demnach gesundes, heiles Leben. Gesund zu sein bedeutet, heil zu sein und zu leben. Heil zu sein bedeutet, zu leben und gesund zu sein.

Diese Sicht vom »Heilsein des Menschen« bestimmt auch die Bibel: Wenn dort von »Frieden« die Rede ist, dann ist an das Heil im ganz grundsätzlichen und umfassenden Sinne gedacht. Wenn Jesus Kranke heilt, dann werden sie nicht nur von ihren Krankheiten befreit, sondern sie werden heil.

Zieht man daraus die Konsequenzen, kann es bei der Behandlung von Kranken nie darum gehen, lediglich ihre Krankheitssymptome isoliert zu betrachten und zu kurieren. Vielmehr ist immer auch zu fragen, was nicht in Ordnung ist, welche »Un-Ordnung« zu dieser Krankheit führen kann. Ein Magengeschwür ist nicht nur ein Fall für den Arzt, sondern auch eine Aufgabe für den Menschen: Was will mir diese Erkrankung sagen? Was fehlt (mir)? Nur wenn solche Fragen beantwortet werden, kann

eine wirkliche Heilung erfolgen, anderenfalls wird nur eine Krankheit beseitigt, ohne dass wirkliche Gesundheit erreicht wird.
Es liegt im Trend der Zeit, die westliche Medizin als Schulmedizin in ihrer Bedeutung für die Gesundheit des Menschen im eigentlichen Sinn – wie wir ihn oben beschrieben haben – herabzusetzen. Das grundlegende Defizit der Schulmedizin ist auch nicht zu bestreiten: Medizin wird immer erst dann angewendet, wenn es etwas zu reparieren gibt. Vorsorge und Gesunderhaltung kommen zu kurz. Ärzte machen umso mehr Gewinn, je mehr Kranke sie behandeln. Gesund erhaltene Patienten tragen nichts zum wirtschaftlichen Überleben einer Praxis bei.
Aber das Problem der Schulmedizin reicht tiefer. Als angewandte Wissenschaft steht sie im Bannkreis der Aufklärung und nimmt an deren Perspektivierung von Wahrheit und Wirklichkeit teil. Indem die Schulmedizin jedoch perspektivisch vorging und vorgeht, ist ihr Erfolg, sind ihre Fortschritte überhaupt erst denkbar. Hätte die westliche Medizin einen ganzheitlichen Ansatz bewahrt, wären heute zahlreiche Behandlungsmöglichkeiten nicht bekannt. In dieser Hinsicht ist übertriebener Optimismus, wie ihn fernöstliche, ganzheitliche (Gesundheits-)Lehren wie zum Beispiel Ayurveda auslösen, nicht angebracht. Ebenso wenig macht es Sinn, Schulmedizin und Homöopathie als Zweige der abendländischen Medizin im Sinne eines Entweder-oder einander gegenüberzustellen. Es gibt Krankheiten und Leiden, in denen der Arzt aufge-

sucht werden muss und Kranke zum Arzt gebracht werden müssen. Und es gibt Befunde, bei denen nur ein operativer Eingriff Leben rettet. Statt ein Entweder-oder zu predigen, sollte man es mit einem Sowohl-als-auch versuchen, mit dem Bild der Ergänzung, die unterschiedliche Vorbeugungs- und Behandlungsmethoden bilden können.
Auch die westliche Medizin hat ihren Platz! Bei notwendigen Operationen, in Notfällen und in der Intensivmedizin kommt man nicht ohne sie aus. Und grundsätzlich verdient der schulmedizinisch ausgebildete Arzt auch unser Vertrauen. Schließlich kümmert er sich nach besten Kräften um unser Wohl.
Es ist dem Arzt zu wünschen, dass er für sich ein Gebet sprechen kann, wie es der große Arzt und Philosoph Paracelsus (um 1493–1541) geschaffen hat.

Gebet des Arztes

Du hast uns die Liebe als Arznei gegeben, o Gott, und willst, dass der Arzt in dieser Liebe eingeschlossen sei, um den Kranken zu heilen. So wie deine Liebe kein Ende hat, soll auch unser Forschen und Dienen kein Ende haben. Ohne deine Hilfe ist der Arzt machtlos, aber mit dir vermag er das Höchste. Du bedienst dich unser, weil du selber gern im Verborgenen bleibst. Dein Wille ist, dass du durch uns die Kranken heilst. Du gießest in das Herz ein Freude am ewigen Leben, und jeder, der an dich glaubt, wird lebendig auferstehen und den Tod nicht schmecken. Du hast im Menschen die Kräfte aller Elemente geheimnisvoll zusammengefasst, so wie ein Arzt, der aus den Säften der Kräuter die Kraft zum Heilen zieht. Lass mich alles zum Nutzen der Kranken nach bestem Vermögen und Urteil anordnen, alles Schädliche von ihnen fernhalten. Lass mich heilig und rein meine Kunst und mein Leben bewahren. Amen.

Gebet und Meditation

Das Gebet ist eine Grundäußerung des Menschen – man hat es mit einer angeborenen menschlichen Sprache verglichen. Keine Religion ist ohne Gebet vorstellbar.
Im Gebet tritt der Gläubige mit seinem Gott in Kontakt. Wo dieser Gott als Person vorgestellt wird, ist das Gebet ein Gespräch mit einem Gegenüber. Der Gläubige hat eine persönliche Beziehung zu seinem Gott. Im Gebet wird diese Beziehung gepflegt.
Ich gehe auf Gott zu, stelle mich auf ihn ein. Dabei lasse ich meine eigene Person, und damit auch meine Sorgen und Schmerzen, ein Stück weit hinter mir. Indem ich konzentriert mit Gott spreche, mache ich mich zeitweilig frei von meinem Leiden – ähnlich wie im Gespräch mit einem geliebten Menschen (Teresa von Ávila).

Heilgebete

Da es der Religion, namentlich dem Christentum, grundsätzlich um das Heil des Menschen geht, um das Heilsein des Menschen im Ganzen, spielt dieses Heil in den Gebeten auch immer eine Rolle. Gebete sind letztlich immer Heilgebete: Bitte um Heil, Dank für Heil, Wunsch nach Heil und Lobpreis des heilenden Gottes, ja selbst Klagen über nicht bestehendes Heil bis hin zur Anklage Gottes.

Im engeren Sinne versteht man unter Heilgebeten nur zwei Gebetsformen: das Gebet des Kranken und das Gebet anderer für einen Kranken. Beide Gebetsformen sind in diesem Buch zu finden. Neben Gebeten *von* Kranken finden Sie auch Gebete *für* Kranke. Dies entspricht der biblischen Gebetstradition. Auch hier gibt es nicht nur (wie in zahlreichen alttestamentlichen Psalmen) Gebete von Kranken, Leidenden und Bedrohten und die Dankgebete von Geheilten, sondern auch das Fürbittgebet um Heilung eines Kranken, vor allem im Neuen Testament. Das Heilwirken Jesu fand seine Fortsetzung in der nachösterlichen Jüngergemeinschaft. Die ersten Christen erfuhren die heilende Kraft des Gebets. Im Auftrag des Herrn, und von ihm befähigt, heilten Apostel und frühchristliche Missionare Kranke. So berichtet es die Apostelgeschichte.

Danach wurde die Heilung in der Regel durch Anrufung des Herrn Jesus Christus gewirkt, war also von einem Gebet begleitet. Ein anschauliches Beispiel bietet die Apostelgeschichte in Kapitel 28, Vers 8–9. Dort wird berichtet, dass sich der Apostel Paulus auf seiner letzten Reise eine Zeit lang auf der Insel Malta aufhielt und Gast des Inselobersten Publius war.

Der Vater des Publius lag gerade mit Fieber und Ruhr im Bett. Paulus ging zu ihm hinein und betete; dann legte er ihm die Hände auf und heilte ihn. Daraufhin kamen auch die anderen Kranken der Insel herbei und wurden geheilt.

Meditation

Meditation (lat., zu Deutsch: »Nachdenken«) bezeichnet im umgangssprachlichen Gebrauch unterschiedliche spirituelle Techniken, die keineswegs immer einen religiösen Hintergrund und Zweck haben. Dennoch ist Meditation, in diesem weiten Sinn verstanden, in vielen Religionen ein fester Bestandteil des Glaubenslebens. Neben anderen Techniken, wie dem Autogenen Training oder auch der Hypnose, stellt sie ein hilfreiches Mittel der Entspannung für Kranke dar. Fernöstliche Meditationsformen wie Zen und Yoga sind heute besonders beliebt, aber auch die christliche Meditation hat viel zu bieten. Wenn von christlicher Meditation die Rede ist, sind im Wesentlichen drei spirituelle Übungsformen gemeint:

➤ Die christliche Meditation im eigentlichen Sinn, die ihren Ursprung im Mönchtum der Ostkirche hat und dort der Selbstfindung und Selbsterfahrung diente

- Die Betrachtung, bei der nach Lesung einer Bibelstelle oder eines Besinnungstextes darüber nachgedacht, also »meditiert« wird
- Die Kontemplation (»Beschauung«); diese spirituelle Praxis der christlichen Mystik besteht in der Einkehr in sich, der Selbstversenkung, und zielt auf ein inneres Schauen Gottes. Ist das Gebet als Gespräch mit Gott eine Bewegung nach außen, so ist die Kontemplation eine Bewegung nach innen. Sie schafft einen Raum und Zeit für die Anrede des Menschen durch Gott. Ich werde leer und bin bereit, dass Gott sprechen und ich ihn hören kann.

Ein meditativer Text, der von H. K. Iranschähr, einem persischen Mystiker (1884–1962), stammt und der christlichen Kontemplation ähnlich ist, veranschaulicht die Bewegung der Gottessuche nach innen.

Die Heilkraft des Gebetes

Ich bin im Tempel des Friedens!
Alles schweigt und ruht in mir.
Mein Körper ist still und entspannt.

Die Heilkraft des Schweigens erfüllt mich.
Sie heilt alle meine Leiden
Und gibt mir Kraft und Gesundheit.

Liebe und Frieden, Licht und Freude
Ziehen in mir ein und beleben mich ganz.
Ich fühle himmlische Ruhe in mir!

Alles schweigt in mir!
Gott allein wirkt in mir.
Ich bin erfüllt von seiner Liebe.

In mir ist ein neuer Funke entzündet;
Eine neue Kraft umflutet mich!
Ein neues Leben durchströmt mich!

Ein neues Licht durchstrahlt mich!
Ich will dieses Licht tragen

Und es freudig ergießen
In das Herz der Menschheit.

Heil allen Menschen und Wesen!
Licht allen Menschen und Wesen!

Zum Aufbau des Buches

Das vorliegende Buch vereinigt vier unterschiedliche Zugänge, die den vier Kapiteln entsprechen.
In einem ersten Schritt wird von Empfindungen ausgegangen. Körperliche Schmerzen von Kopf bis Fuß weisen auf bestimmte Krankheiten hin und haben, ganzheitlich verstanden, unterschiedliche Bedeutungen, die in ausgewählten Beispielen veranschaulicht werden.
In einem zweiten Schritt wird die schwere Erkrankung als Prozess beschrieben, der von den ersten Anzeichen bis zum Dank für das gelebte Leben reicht.

Der dritte Schritt nimmt seinen Ausgang bei krisenhaften Lebenssituationen und diagnostizierten Erkrankungen. Dabei geht es um die Wechselwirkungen von Körper und Seele.
Gebete um Heilung und meditative Texte begleiten diese Schritte und sollen Ihnen ein Angebot zur religiösen Verarbeitung und eine Hilfestellung bei der Bewältigung der Krankheit sein. Dafür haben wir neue Gebete formuliert, aber auch auf den Gebetsschatz der Bibel und auf traditionelle Gebete zurückgegriffen.
Was die biblischen Gebete – zumeist Psalmen – betrifft, scheint uns an dieser Stelle noch eine Bemerkung notwendig zu sein: Die biblischen Gebete können in Einzelaussagen dem Leser durchaus Schwierigkeiten bereiten. Vor allem die Bitten um Errettung aus Feindesnot und die theologische Deutung, dass Krankheit eine göttliche Strafe sei, können anstößig wirken, wenn man sie wörtlich versteht. Damit kann man aber durchaus positiv umgehen, indem man sie zum Anlass nimmt, die eigenen Auffassungen zu überdenken.
Im vierten Schritt geht es darum, für einen Kranken zu beten. Wenige Beispiele mussten hier genügen. Die Leserinnen und Leser sind eingeladen, sie als Muster zur Formulierung eigener Gebete zu verwenden.

»Ich habe Schmerzen«

Schmerz ist eine Empfindung, ein Sinnes- und Gefühlserlebnis, das unser Wohlbefinden beeinträchtigt. Die Bandbreite ist groß: Sie reicht vom vorübergehenden Schmerz bis zum chronischen Schmerz, der über Jahre andauert. In jedem Fall wirkt Schmerz auf unsere Seele, er beeinflusst unser Erleben und Verhalten. Und er zeigt an, dass etwas aus dem Ruder gelaufen ist.

Haut

Unser größtes Organ ist die Haut. Gleichzeitig ist es die Grenze, die wir spüren, wenn wir einander berühren.
Allein vier verschiedene Rezeptorsysteme in der Haut sorgen dafür, dass wir unterschiedliche Empfindungen wahrnehmen. Manche mögen sanftes Streicheln, andere einen festen Griff.
Wenn uns etwas zu heiß wird, kann uns die Haut ganz schön jucken – auch im übertragenen Sinn! Neurodermitis, Allergien und Akne können Ausdruck heftigster innerer und äußerer Konflikte sein. Echte Gifte und seelische Giftpfeile können ganz schön unter die Haut gehen! Wohl dem, der sich zu schützen weiß und nicht mit einer dünnen Haut geschlagen ist. Mancher zeigt unfreiwillig seine Erregung, indem er errötet. Rauchen, übermäßige Sonneneinstrahlung, zu wenig Schlaf –

alles hinterlässt auf Dauer Spuren auf unserer Haut!
Eine große Industrie bemüht sich um immer neue Produkte, die die Haut attraktiv halten sollen. Straff und jugendlich – das ist das Ideal. Lediglich Männern gesteht man zu, dass Falten interessant sein können. Oft müssen wir uns unserer Haut erwehren, sonst erwarten uns ernste Schwierigkeiten, wie uns schon Psalm 57 berichtet.

Ein Lied Davids, als er vor Saul in die Höhle floh

Sei mir gnädig, o Gott, sei mir gnädig; denn ich flüchte mich zu dir. Im Schatten deiner Flügel finde ich Zuflucht, bis das Unheil vorübergeht.
Ich rufe zu Gott, dem Höchsten, zu Gott, der mir beisteht.
Er sende mir Hilfe vom Himmel; meine Feinde schmähen mich. Gott sende seine Huld und Treue.
Ich muss mich mitten unter Löwen lagern, die gierig auf Menschen sind. Ihre Zähne sind Spieße und Pfeile, ein scharfes Schwert ihre Zunge.
Erheb dich über die Himmel, o Gott! Deine Herrlichkeit erscheine über der ganzen Erde.
Sie haben meinen Schritten ein Netz gelegt und meine Seele gebeugt. Sie haben mir eine Grube gegraben; doch fielen sie selbst hinein.

Mein Herz ist bereit, o Gott, mein Herz ist bereit, ich will dir singen und spielen.
Wach auf, meine Seele! Wacht auf, Harfe und Saitenspiel! Ich will das Morgenrot wecken.
Ich will dich vor den Völkern preisen, Herr, dir vor den Nationen lobsingen.
Denn deine Güte reicht, so weit der Himmel ist, deine Treue, so weit die Wolken ziehn.
Erheb dich über die Himmel, o Gott; deine Herrlichkeit erscheine über der ganzen Erde.

Knochen und Bewegungsapparat

Das Härteste und Stabilste am menschlichen Körper sind die Knochen – sie können Jahrtausende überdauern und legen Zeugnis ab für unsere Existenz und unsere Lebensumstände, auch wenn wir schon längst vergangen sind. Die Knochen sind unser inneres Gerüst. Ihre Form und Größe bestimmen wesentlich unser Erscheinungsbild. Sind wir klein und zierlich, aber mit elastischen, zähen Knochen, die einiges aushalten, sind wir grobknochig und groß, oder plagen wir uns mit spröden, brüchigen Knochen? Nicht nur unser Halt im Leben hängt an den Knochen. Ihr Inneres, das Knochenmark, ist unsere Blutfabrik! Teile unseres Immunsystems werden im Knochenmark gebildet. Zahlreiche Blutkrankheiten sind eigentlich Erkrankungen des Knochenmarks.
An den Verbindungsstellen, den Gelenken, ist der Knochen mit einer sehr glatten Knorpelschicht als

Gleitfläche überzogen. Zusammengehalten wird das Gelenk von Bändern, bewegt wird es von Muskeln, die die Kraft mit Hilfe von Sehnen übertragen. Meist gehen wir stabil durch das Leben. Aber manchmal gehen wir zu weit. Dann reagiert unser geschundener Körper. Der Knochen bricht, ein Band reißt, ein Muskel erleidet eine Zerrung – allesamt sehr schmerzhafte Ereignisse, die uns die Überlastung drastisch vor Augen führen und bis zur Heilung Ruhe und Schonung erzwingen.

Schlimmer steht es um uns, wenn wir unter chronischen Erkrankungen des Bewegungsapparates wie den verschiedenen Formen von Rheuma, Arthritis (zerstörerische Form der Gelenkentzündung) oder Arthrose (Abnutzung der Gleitschicht des Gelenkes) leiden. Nicht nur, dass wir dauerhaft Schmerzen haben, unsere Bewegungsmöglichkeiten werden zum Teil drastisch eingeschränkt. Im schlimmsten Fall verformt sich unser Körper, und wir werden entstellt.

Nach wie vor steht die Medizin diesen Erkrankungen weit gehend hilflos gegenüber. Schmerzmittel, physikalische Behandlung, Krankengymnastik, um die Beweglichkeit zu fördern, gegebenenfalls Kortison in der Hoffnung, den fortschreitenden Verlauf zu verlangsamen – viel mehr können Ärzte gegenwärtig nicht tun.

In Selbsthilfegruppen versuchen Betroffene, sich gegenseitig Mut zu machen, und erkunden alternative Behandlungsverfahren. Soziale Integration, Zuspruch, sein Leben auf neue Grundlagen stellen – das hat immer wieder Patienten geholfen, ihre Situation zu meistern. Manch einer wird geistig und seelisch erstaunlich rege, wenn die körperliche Regsamkeit so beschränkt ist. Doch der Schmerz bleibt, wird manchmal, wie in Psalm 102, zum Hilfeschrei des Verzweifelten.

Gebet eines Unglücklichen, wenn er in Verzweiflung ist und vor dem Herrn seine Sorgen beklagt

Herr, höre mein Gebet! Mein Schreien dringe zu dir.
Verbirg dein Antlitz nicht vor mir! Wenn ich in Not bin, wende dein Ohr mir zu! Wenn ich dich anrufe, erhöre mich bald!
Meine Tage sind wie Rauch geschwunden, meine Glieder wie von Feuer verbrannt.
Versengt wie Gras und verdorrt ist mein Herz, sodass ich vergessen habe, mein Brot zu essen.
Vor lauter Stöhnen und Schreien bin ich nur noch Haut und Knochen. (...)
Meine Tage schwinden dahin wie Schatten, ich verdorre wie Gras. (...)
Der Herr schaut herab aus heiliger Höhe, vom Himmel blickt er auf die Erde nieder;
er will auf das Seufzen der Gefangenen hören und alle befreien, die dem Tod geweiht sind,
damit sie den Namen des Herrn auf dem Zion verkünden und sein Lob in Jerusalem,
wenn sich dort Königreiche und Völker versammeln, um den Herrn zu verehren.

Er hat meine Kraft auf dem Weg gebrochen, er hat meine Tage verkürzt.
Darum sage ich: Raff mich nicht weg in der Mitte des Lebens, mein Gott, dessen Jahre Geschlecht um Geschlecht überdauern!

Rücken

Rückenschmerzen sind der häufigste Anlass für Krankschreibungen. Unsere bewegungsarme Zivilisation mit ihren einseitigen Belastungen fordert hier ihren Tribut. Stundenlanges Sitzen führt langfristig zum Abbau der kleinen Rückenmuskeln, die die Wirbelsäule stabilisieren. Wir hängen immer mehr in den Seilen, das heißt unseren Bändern, statt uns aktiv aufrecht zu halten. Durch die einseitige Fixierung werden die Bandscheiben, der elastische Stoßdämpfer zwischen den Wirbeln, stellenweise übermäßig belastet. Es kann zum Bandscheibenvorfall kommen. Schmerzen und Bewegungseinschränkungen bis hin zu Lähmungserscheinungen erzwingen eine umgehende ärztliche Behandlung. Ob operiert werden muss oder ob der Patient mit konservativen Methoden behandelt wird, hängt von den Umständen ab. Immer jedoch ist mit einer längeren Rekonvaleszenz – das ist die Zeit für die Wiederherstellung der Gesundheit – zu rechnen.
Das Rückgrat steht für den aufrechten Menschen. Wir zeigen Haltung, lassen uns hin und wieder hängen, und manchmal fällt man uns in den Rücken.

Das hinterlässt vielfältige Spuren. Da über das Rückenmark alle inneren Organe mit Nerven versorgt werden, können Rückenbeschwerden die Organfunktionen stören und – auf dem umgekehrten Weg – gestörte Organe zu Rückenproblemen führen. So kann der Rücken den ganzen Menschen zeigen.
In vielen Mythen kommt dem Rücken besondere Bedeutung zu. So werden in ägyptischen Darstellungen häufig im Rücken der Könige Götter dargestellt, die den Rücken schützen und auch im übertragenen Sinne hinter dem König stehen. Wenn uns andere Menschen den Rücken frei halten oder ihn stärken, können wir auch größere Schwierigkeiten gut meistern.
Manchmal versteifen wir uns auf etwas. Das tut uns selten wirklich gut. Auch bestimmte Erkrankungen, wie der Morbus Bechterew, der besonders jüngere Männer trifft, führen langfristig zu einem steifen Rücken. Hier wird der Erhalt der Beweglichkeit zur täglichen Aufgabe. Psalm 86 ist der Hilferuf eines Gebeugten.

Ein Gebet Davids

Wende dein Ohr mir zu, erhöre mich, Herr! Denn ich bin arm und gebeugt.
Beschütze mich, denn ich bin dir ergeben! Hilf deinem Knecht, der dir vertraut!
Du bist mein Gott. Sei mir gnädig, o Herr! Den ganzen Tag rufe ich zu dir.

Herr, erfreue deinen Knecht; denn ich erhebe meine Seele zu dir.
Herr, du bist gütig und bereit zu verzeihen, für alle, die zu dir rufen, reich an Gnade.
Herr, vernimm mein Beten, achte auf mein lautes Flehen!
Am Tag meiner Not rufe ich zu dir; denn du wirst mich erhören. (...)
Weise mir, Herr, deinen Weg; ich will ihn gehen in Treue zu dir. Richte mein Herz darauf hin, allein deinen Namen zu fürchten!
Ich will dir danken, Herr, mein Gott, aus ganzem Herzen, will deinen Namen ehren immer und ewig.
Du hast mich den Tiefen des Totenreichs entrissen. Denn groß ist über mir deine Huld. (...)
Wende dich mir zu und sei mir gnädig, gib deinem Knecht wieder Kraft, und hilf dem Sohn deiner Magd!
Tu ein Zeichen, und schenke mir Glück! Alle, die mich hassen, sollen es sehen und sich schämen, weil du, Herr, mich gerettet und getröstet hast.

Gliedmaßen

Wenn etwas Hand und Fuß hat, können wir uns getrost darauf verlassen. Ein Mensch, der zupacken kann, der weiß, wann er loslässt, der seine Schritte beherzt und kraftvoll auf ein Ziel zu richten weiß – wie gern vertrauen wir so jemandem! Mit unseren

Händen gestalten wir unser Leben. Wie weit reicht unser Arm? Wem müssen wir unter die Arme greifen? Wo erleben wir, dass wir nicht halten können, was wir glauben, halten zu müssen?
Wenn Krankheiten dazu führen, dass wir unsere Hände nicht mehr gebrauchen können, wie bei der chronischen Polyarthritis, einer Gelenksentzündung, die die Hände stark entstellt, brauchen wir Halt an anderer Stelle. Wo wir uns selbst nicht halten können, muss uns jemand halten. Sonst werden wir haltlos.
Wie schön, wenn wir mit beiden Beinen fest auf der Erde stehen. Dann wirft uns auch so leicht nichts um. Mit den Beinen erobern wir uns unsere Welt, unseren Lebensraum, unseren Erfolg. Wir kommen voran, haben Mühe, Schritt zu halten und sind manchmal ganz schön kraftlos auf den Beinen. Welche Anstrengung, wenn uns die Beine den Dienst versagen! Dann müssen die Hände die Beine stützen. Ob im Rollstuhl oder mit Krücken, unser Lebensraum kann ganz schön eng werden. Weite finden wir in der geistigen Betätigung, im Gespräch mit den Mitmenschen, die auf uns zukommen und uns mittragen. Weite finden wir auch im Gebet.

Meine Hände

Herr,
meine Hände taugen nicht viel.
Sieh sie dir an!
Kein Knopf, den ich selbst schließen kann!

Zu allem brauche ich Hilfe!
Gott hat nur unsere Hände,
heißt es in einem Gebet,
das ich früher einmal lernen musste.
Was willst du mit meinen Händen?
Ich brauche ja die Hände der anderen!
Es fällt mir schwer,
immer wieder um Hilfe zu bitten.
Ich möchte mir selbst helfen können!

Augen

Die Augen sind ein Tor zur Welt, das wichtigste Organ, um uns zu orientieren. Das Sehvermögen, das vielfach als selbstverständlich aufgefasst wird, ist eine Gabe, die erst dann wirklich geschätzt wird, wenn sie gefährdet ist. Begegnet man Blinden auf der Straße, kann man deutlich erkennen, welch elementare Funktion die Augen erfüllen. Es ist zwar erstaunlich und aller Bewunderung wert, wie Blinde diese entscheidende Einschränkung wettmachen, dennoch wird ebenso deutlich, wie stark sie ist.
Wenn mit den Augen etwas nicht in Ordnung ist, dann nimmt man in der Regel keine Schmerzen wahr, vielmehr sind es Sehstörungen, manchmal ein Flimmern, manchmal ein verschwommenes Sehen, manchmal sind es so genannte Sternchen, die uns darauf hinweisen, dass etwas nicht in Ordnung ist. Gehen diese Störungen vorüber, vergessen wir sie vielleicht, manchmal ist das jedoch ein großer Fehler. Denn auch wenn nicht jedes Augen-

flimmern einen tieferen Grund hat, so können Einschränkungen des Sehvermögens auch auf Erkrankungen hinweisen, auf Augen-, aber auch auf Organ- und Kreislaufkrankheiten. Deshalb sollten wir bei entsprechenden Symptomen einen Arzt aufsuchen, um Klarheit zu bekommen.
Eine Besonderheit der Augen ist, dass wir sie öffnen und schließen können. Im übertragenen Sinne weist dies auf die Möglichkeit des Menschen hin, sich einer bestimmten Wahrnehmung zu verschließen. Wir wollen nicht genau hinsehen, sehen darüber hinweg. Das kann ein Schutzreflex sein, es kann aber auch unserer Bequemlichkeit dienen, wenn wir uns mit unangenehmen Dingen nicht beschäftigen wollen. In manchen Situationen sind wir recht kurzsichtig, in anderen wiederum wollen wir das Naheliegende nicht zur Kenntnis nehmen und sehen lieber scharf in die Ferne. Richtiges Sehen heißt auch, Verantwortung zu übernehmen, und zwar nicht nur für uns selbst, sondern auch für den Anderen. Dafür lohnt es sich zu beten.

Bitte ums rechte Sehen

Vater, schenke mir die rechte Einsicht, den Blick für das Wesentliche, wenn es Not tut, für die kleinen Dinge aber, wenn sie meine Aufmerksamkeit erfordern, und für das rechte Maß zur rechten Zeit, dass ich immer dort scharf sehe, wo mein Einsatz und Handeln nötig ist.

Ohren

Im Gegensatz zu unseren Augen können wir die Ohren nicht bewusst schließen. Unsere Ohren sind immer auf Empfang gestellt. Wir hören selbst im Schlaf, und je nach dem, was wir hören, kann uns das auch krank machen.

Zwar kann sich der Mensch auch gegen Lärm wappnen, die jeweilige Wahrnehmung ein Stück weit neutralisieren, aber er zahlt immer einen Preis dafür, denn er blendet mit dem Abschalten bestimmter Geräusche auch wesentliche Eindrücke aus.

Wenn durch eine Erkrankung der Ohren das Gehör eingeschränkt wird oder ganz ausfällt, verändert sich auch das seelische Gleichgewicht eines Menschen. Viele kleine und unscheinbare Signale, die dem bewussten Kommunizieren vorgelagert sind, fallen dann aus. Ich nehme zum Beispiel einen Gesprächspartner erst dann wahr, wenn er mich direkt anspricht, und schrecke zusammen, weil ich ihn vorher nicht habe kommen hören. Vielleicht ist das ein Grund dafür, dass schwerhörige Menschen viel öfter als gesunde ihrer Umwelt gegenüber Misstrauen entwickeln. Das kann sich bis hin zu Verfolgungsängsten steigern. Auch wenn das Gehör dann vollständig wiederhergestellt ist, dauert es manchmal lange, bis sich die seelischen Folgeerkrankungen verlieren.

Auf welche Weise Kommunikation krank machen kann, zeigen viele Beispiele von Schwerhörigkeit, die von Beziehungsproblemen herrühren. Der Be-

troffene hört manchmal eine bestimmte Stimmfrequenz nicht mehr, die für ihn eine große seelische Belastung darstellt, zum Beispiel die Tonlage, in der der Vater oder die Mutter mit ihm als Kind schimpften.
In Psalm 38 begegnet uns ein Mensch, der Schwierigkeiten mit dem Hören und mit dem Sprechen hat.

Der Herr erhört mich

Ich bin wie ein Tauber, der nicht hört, wie ein Stummer, der den Mund nicht auftut. Ich bin wie einer, der nicht mehr hören kann, aus dessen Mund keine Entgegnung kommt. Doch auf dich, Herr, harre ich; du wirst mich erhören, Herr, mein Gott.

Gehirn

Im Gegensatz zum Altertum, wo es in der Wahrnehmung der Menschen praktisch keine Rolle spielte, kommt dem Gehirn als Sitz der Vernunft und oberster Instanz des Menschseins seit Beginn der Neuzeit eine zentrale Bedeutung zu. Auch im medizinischen Sinn geht ohne ein ausreichend funktionierendes Gehirn nichts. In einer Zeit, in der (eine möglichst hohe) Intelligenz zu einem der vortrefflichsten Besitztümer zählt, beginnen viele Menschen, sich um ein Organ zu sorgen, das sie bis vor Kurzem kaum bemerkt haben. Der mögliche Verlust von körperlichen und geistigen Fähigkeiten und gewohnten Persönlichkeitsstrukturen durch Gehirntumore und Demenzformen wie Parkinson oder Alzheimer macht vielen Menschen große Angst. Leider rufen Angst und das damit verbundene Verhalten auf Dauer oft gerade die Symptome hervor, vor denen man sich so sehr fürchtet. Neben der wirksamen Vorbeugung, die darin bestehen kann, sein Gehirn immer wieder durch neue Herausforderungen anzuregen, und gegebenenfalls einer medizinischen Abklärung und Behandlung braucht man vor allem Hilfe gegen die Angst. Gegen Angst wirkt Vertrauen.

Gläubige Menschen tun sich da manchmal leichter, insbesondere, wenn sie eine vertrauensvolle Gottesvorstellung haben. Sich einer höheren Instanz anvertrauen zu dürfen, wo sichtbar und deutlich die eigenen Steuerungsmöglichkeiten schwinden, bedeutet, in dem zunehmenden Gefühl der Orientierungslosigkeit einen Anker zu haben, für sich und betroffene Angehörige. Ähnlich sieht es bei Lernstörungen aus. Angst blockiert jegliches Lernen!

Bitte eines Vergesslichen

Mein Gott!
Ich habe solche Angst! Jeden Tag mühe ich mich, und doch vergesse ich so viel! Es ist so peinlich.

Ich brauche meine ganze Kraft, damit die anderen nicht merken, wie es um mich steht.
Das kann doch nicht normal sein!
Wie soll das weitergehen?
Was mache ich nur, wenn es noch schlimmer wird?
Wenn ich nur wüsste, was ich tun soll.
Gib mir Rat!
Wenn ich nur einen Menschen hätte, der mich versteht!

Nerven- und Hormonsystem

Unser Nervensystem ist unser Vermittlungsorgan. Alle Botschaften, die schnell und direkt von einem Organ zum anderen weitergeleitet werden müssen, laufen über die Nerven. Das entspricht dem Postboten, der klingelt und den Brief persönlich abgibt. Allgemeine »Nachrichten« werden über das Hormonsystem in den Körper »ausgeschüttet«, so wie wir Informationen ins Internet stellen, und die »Interessenten«, das sind alle die Organe, die über die jeweils passenden Zugangscodes (Rezeptoren) verfügen, können die sie betreffenden Mitteilungen »herunterladen«. Beide Systeme – das Nervensystem und das Hormonsystem – arbeiten zusammen und verständigen sich gegenseitig.
Ohne ständigen und geordneten Informationsaustausch könnte kein Leben bestehen. Unsere Zellen sind, wie wir Menschen, existenziell auf Gemeinschaft angewiesen. Entsprechend entstehen bei ei-

ner Abkopplung vom allgemeinen Informationsfluss, zum Beispiel durch Verletzung, heftigste Schmerzen. Die betroffenen Gewebe sind nun in Lebensgefahr und machen sich auf diese Weise nachhaltig bemerkbar. Sofortige (bei größeren Verletzungen auch ärztliche) Hilfe ist dann unumgänglich und erfolgt in vielen Fällen als reflexartige Reaktion, wenn man beispielsweise die Hand von der heißen Herdplatte zieht!

Das Nervensystem alarmiert bei Gefahr und bereitet über das Hormonsystem alle Organsysteme auf Kampf oder Flucht vor. Das Aktionsspektrum reicht von der zusätzlichen Energiebereitstellung (mehr Zucker kommt in die Zellen), der Mobilisierung der nötigen Organe (vor allem Herz, Lunge, Muskulatur) bis zur gleichzeitigen Ruhigstellung jetzt nicht benötigter Organe (Verdauung, Immunsystem). Das ist der biologische Hintergrund, wenn wir »Schiss haben«, weil unser Verteidigungssystem mit der spontanen Darmentleerung angeschaltet wird.

Nach Ende der Gefahr löst ein anderer Zweig des Nervensystems die Entspannungsreaktion aus. Der Körper erholt sich nun wieder, und die Organfunktionen normalisieren sich.

Bei Dauerstress kann der Körper nicht mehr entspannen. Außerdem lässt unsere Kultur den aktiven körperlichen Kampf weithin nicht mehr zu, sodass die Erregung nicht mehr abgearbeitet werden kann. Besteht die Anspannung sehr lange, entstehen zahlreiche typische Krankheiten. Verstopfung, Diabetes, Bluthochdruck, Muskelkrämpfe, auch mancher Krebs und vieles andere haben oft hier ihre Ursache. Bewusstes Entspannen, systematisches Loslassen ist dringend notwendig! Das kann und muss geübt werden. Hierfür gibt es viele Methoden, beispielsweise Autogenes Training, Progressive Muskelrelaxation und Meditation – aber auch das regelmäßige Gebet. Geeignet ist beispielsweise Psalm 28.

Ein Psalm Davids

Zu dir rufe ich, Herr, mein Fels. Wende dich nicht schweigend ab von mir! Denn wolltest du schweigen, würde ich denen gleich, die längst begraben sind.
Höre mein lautes Flehen, wenn ich zu dir schreie, wenn ich die Hände zu deinem Allerheiligsten erhebe.
Raff mich nicht weg mit den Übeltätern und Frevlern, die ihren Nächsten freundlich grüßen, doch Böses hegen in ihrem Herzen.
Vergilt ihnen, wie es ihrem Treiben entspricht und ihren bösen Taten. Vergilt ihnen, wie es das Werk ihrer Hände verdient. Wende ihr Tun auf sie selbst zurück!
Denn sie achten nicht auf das Walten des Herrn und auf das Werk seiner Hände. Darum reißt er sie nieder und richtet sie nicht wieder auf.
Der Herr sei gepriesen. Denn er hat mein lautes Flehen erhört.

Der Herr ist meine Kraft und mein Schild, mein Herz vertraut ihm.
Mir wurde geholfen. Da jubelte mein Herz; ich will ihm danken mit meinem Lied.

Zähne

Vielfach werden kranke Zähne heute allenfalls als kosmetisches Problem behandelt. Dabei verursachen Zahnprobleme zahlreiche, zum Teil schwerste, Gesundheitsprobleme. Wirbelverschiebungen, chronische Schmerzen im gesamten Bewegungsapparat, Migräne, Herzklappenentzündungen und viele andere Krankheiten können durch schadhafte Zähne ausgelöst werden. Der ganze Mensch ist betroffen, wenn die Zähne defekt sind. Auch seelische Störungen können daraus resultieren. Zur Heilung ist die Zahnsanierung oft eine unabdingbare Voraussetzung. Sonst kommt es zu einer Kette von Folgeerkrankungen.
Ein »zahnloser« Mensch gilt als kraftlos und schwach, einer, der keinerlei Widerstand mehr zu leisten vermag. Nicht richtig zu kauen, aus Stress, Zeitmangel oder weil die Zähne defekt sind, bedeutet, Festes nicht ordentlich verdauen zu können. Das macht nicht nur dem Bauch Beschwerden, sondern auch der Seele. Manche Depression nimmt im Mund ihren Anfang. Kein Wunder, dass so mancher Therapie erst dann dauerhafter Erfolg beschieden ist, wenn dieser Zusammenhang berücksichtigt wird!

Loslassen können

Vater im Himmel,
warum habe ich es so schwer?
Warum muss ich so auf die Zähne beißen?
Andere machen ihren Job spielend, managen die Familie und sind immer gut gelaunt.
Und ich?
Mir tut der ganze Mund weh, denn auch nachts presse ich die Kiefer aufeinander.
Hilf mir gegen meine Anspannung, nimm mir den Druck!
Ich will auf das achten, was mich überfordert und so strapaziert, dass ich auf die Zähne beißen muss.
Und ich will daran arbeiten!
Hilf mir, mich zu entspannen!

Hals

Im Hals sitzen einige Organe, die wesentlich für unsere Erscheinung und unseren Selbstausdruck sind. Nahe liegend ist der Bezug zu unserer Stimme. Sprechen wir mit machtvoller, kräftiger Stimme, oder gelingt uns nur ein klägliches Wispern, das kaum je beachtet wird?
Unterhalb des Kehlkopfs liegt die Schilddrüse, deren Funktion prägend für unsere Persönlichkeit ist. Das fahrig-hektische, hitzige Verhalten eines Menschen mit Überfunktion unterscheidet sich deutlich vom normalen und vom teigig-trägen, antriebs-

armen Leben eines Menschen mit Schilddrüsenunterfunktion.
Über unseren Hals führen die Wege der Atmung und der Nahrungsaufnahme. Der Hals ist die Pforte für lebenswichtige Energien, der Zugang zur Welt des Verstandes und zugleich repräsentativer Ort für gesellschaftlichen Kontakt und Austausch.
Halskrankheiten können auch mit Gefühlen wie Erniedrigung, Hoffnungslosigkeit, mit Unentschlossenheit und Hemmungen verbunden sein. Anschuldigungen, Zorn (»Ich habe so einen Hals!«) und Verleugnung haben ihren Entstehungsort im Hals. Der Hals trägt unseren Kopf, und nicht selten verrückt sich unsere Halswirbelsäule bei dem Versuch, allen Erwartungen gerecht zu werden. Dann brauchen wir Hilfe, um uns den Kopf, eigentlich aber den Hals, wieder zurechtrücken zu lassen.

Das rechte Wort finden

Gott!
Ich war so stur.
Ich war mir so sicher!
Mein Gott, es ist mir so peinlich!
Und dann das!
Immer wieder habe ich auf meinem Recht beharrt.
Ich lag völlig daneben!
Meine Unachtsamkeit hätte beinahe unsere Freundschaft ruiniert.
Gott sei Dank

hast du mich im letzten Moment unsicher
werden lassen.
Ich wusste nicht,
warum mir plötzlich die Stimme versagte,
aber ein Wort mehr ...
Ich möchte mir nicht ausmalen,
was dann passiert wäre.
Du hast mich gerettet!
Danke!

Lunge

Mit dem ersten Atemzug entfaltet sich unsere Lunge, eigentlich: unsere Lungen – denn wir besitzen zwei Lungenflügel. Wie jedes paarige Organ unseres Körpers steht auch die Lunge für Austausch und Kontakt mit unseren Mitmenschen. Ohne Austausch kann kein Leben bestehen. Dabei saugen wir mit der Luft immer auch Informationen über unsere Umgebung auf. Wohlgeruch, Gestank, Feinstaub, Zigarettenrauch, alles das atmen wir unweigerlich mit. Zahlreiche Schutzmechanismen verhindern, dass uns etwas in den falschen Hals gerät. Der Kehlkopfdeckel schließt sich, wenn wir schlucken. Staub und andere Partikel husten wir reflexartig aus. Keime umschließen wir mit zähem Schleim, ehe wir sie nach draußen befördern. Passt uns die Auffassung eines Anderen nicht, könnte es schon sein, dass wir ihm etwas husten!
Unser Atmen ist ein rhythmischer, lebensnotwendiger Gasaustausch. Beim Einatmen nehmen wir

Sauerstoff auf, Kohlendioxid atmen wir aus. Entsteht hier eine Blockade, geht es mit unserer Lebenskraft schnell bergab. Der Asthmatiker beispielsweise erlebt quälende Erstickungsnot, weil er zwar viel einatmen kann, sich dann aber die Bronchien, unsere Zugangswege zur Lunge, so weit verengen, dass er nur noch mit größter Mühe ausatmen kann. Er schafft es nicht, die verbrauchte Luft abzugeben, um Raum für neuen Atem zu haben. Er hat buchstäblich den Hals zu voll genommen. Mit einem Asthmatiker zusammenzuleben, hält einen auch selbst ganz schön in Atem. Geben und Nehmen kommen aus dem Gleichgewicht. Oftmals muss der Asthmatiker lernen, mehr von sich zu geben, um dann reichlich empfangen zu können, statt es aus Angst, zu kurz zu kommen, über seine Krankheit einzufordern. Dann muss er sich auch nicht dauernd aufblasen, was im Spätstadium zur Lungenüberblähung, zum Lungenemphysem, einer unumkehrbaren Funktionseinschränkung der Lunge, führt. Wer seine Sehnsucht nicht loslassen kann, sie nicht mit anderen teilt, in chronischem Kummer und in Trauer schier erstickt, läuft Gefahr, so isoliert zu werden, dass er in akute Lebensgefahr gerät.

Lunge und Herz bilden eine enge Funktionseinheit. Herzerkrankungen beeinträchtigen massiv die Lunge, und umgekehrt schädigt die Lungenkrankheit das Herz. Deshalb empfiehlt sich im Anschluss die Lektüre des Abschnitts über das Herz. Das Herzensgebet, das dort empfohlen wird, ist zugleich das Heilgebet bei Lungenerkrankungen.

Herz

Die Hälfte aller Todesfälle geht auf Erkrankungen des Herz-Kreislaufsystems zurück. Anatomisch und symbolisch ist das Herz der Sitz unserer Lebenskraft. Deshalb ist auch Altersschwäche, das Nachlassen der Lebenskraft, ein Thema, das das Herz betrifft.

Das Herz gilt als Zentrum und Repräsentant unserer Gefühle. Ein emotional unterkühlter Mensch wird daher als herzlos bezeichnet, sensible Menschen nennt der Volksmund »Herzchen«.

Tatsächlich führt unser Herz ein Eigenleben, weil es als einziges Organ in der Lage ist, sich selbst zu erregen. Selbst wenn unser großes Steuerorgan Gehirn endgültig ausgefallen ist, kann das Herz (mit medizinischer Unterstützung) noch lange Zeit den Körper am Leben halten. Es ist das Herz, das Angehörigen klinisch toter Menschen den Eindruck vermittelt, ein empfindsames Wesen vor sich zu haben, obwohl jegliche Reizverarbeitung im Gehirn ausgeschlossen ist.

Unsere Herzfunktion wird stark von Stress beeinflusst. Neuerdings findet die Medizin Beweise für Phänomene, die uns in Redensarten begegnen, also längst bekannt sind: »Das Herz bleibt vor Schreck stehen« – »Das geht mir ans Herz« – »Ich nehme mir etwas zu Herzen« – »Das zerreißt mir das Herz« – »Das Herz steht still vor Schreck« und so weiter. Auch wenn noch nicht im Detail geklärt ist, welcher Mechanismus im Herzen diese Zustände auslöst, sind sie doch alles andere als eingebildet.

Lange anhaltende Stresszustände schwächen dauerhaft die Herzfunktion. Eine eingeschränkte Herzfunktion wiederum reduziert die Leistungsfähigkeit aller anderen Organe, wie Nieren und Lunge. Stress wird durch das unterstützende (sympathische) Nervensystem vermittelt, das unseren Körper auf Flucht- oder Kampfreaktion vorbereitet. Nach erfolgreicher Bewältigung der Herausforderung erholt sich unser Organismus durch die Funktionen des parasympathischen (wieder aufbauenden) Nervensystems. Bei Dauerstress gerät dieser lebensnotwendige Wechsel durcheinander. Hormone entgleisen, Organe werden gestört und langfristig zerstört.
Wir Menschen sind unterschiedlich stressresistent. Das hat körperliche Ursachen im Bereich des Nervensystems. Je weniger stressresistent jemand ist, desto stärker erhöhen sich unter dem Einfluss von Stress sein Puls und seine Atemfrequenz.
Das Herzensgebet, eine in den Ostkirchen von alters her bekannte Gebetsform, führt diese Funktionen von Herz und Lunge, Puls und Atem auf der körperlichen Ebene wieder zusammen. Die Überlieferung beruft sich dabei auf die biblische Aufforderung, immerwährend zu beten (1 Thess 5, 17). Auch in den westlichen Kirchen ist dieses kurze, der Bibel entnommene Gebet (siehe Mt 15, 22) ein fester Bestandteil der Liturgie. Der Text ist griechisch: »Kyrie eleison«, in deutscher Übertragung: »Herr Jesus Christus, erbarme dich meiner!«
Gebetet wird synchron zum Ein- und Ausatmen sowie im Takt des Pulsschlages. Das bedeutet, jeder

Atemzug, jeder Herzschlag ist ein Gebet, verbindet uns mit Gott. Nach langer Übung des Herzensgebets stellt sich für den Betenden das Gefühl ein, dass nicht mehr er betet, sondern dass »es« in ihm betet. Das Gebet wird zum Rhythmus des Lebens.
Auf der seelisch-geistigen Ebene erinnert das Herzensgebet an unser Zuhause bei Gott, es schafft Zuflucht in Bedrängnis. Und dieses Gebet zeigt uns, wie wir tatsächlich sind: mühsam atmend, mit stolperndem Puls, schwach und versagend, aber gegenwärtig, solange auch nur ein Fünkchen Leben in uns ist. Durch die Ausrichtung im Gebet werden wir im wahrsten Sinne gerichtet, wieder zusammengefügt, gerecht. Im Gebet ein Zuhause zu schaffen, tröstet uns in schwerer Krankheit, heilt und beruhigt.
In die schlichte Formel des Herzensgebets nach der traditionellen Überlieferung können wie in einer Litanei Herzensanliegen eingeflochten werden. Im Folgenden wird beispielhaft eine individuell gestaltbare Gebetsweise vorgestellt.

Herzensgebet

Herr Jesus Christus,
Sohn Gottes,
erbarme dich meiner.

Herr Jesus Christus,
Retter der Bedrängten,
hilf in meiner Not.

Herr Jesus Christus,
Sohn Gottes,
erbarme dich meiner.

Herr Jesus Christus,
Sohn des Allmächtigen,
schenke mir Geduld.

Herr Jesus Christus,
Sohn Gottes,
erbarme dich meiner.

Herr Jesus Christus,
Erlöser der Sünder,
befreie mich von meiner Last.

Herr Jesus Christus,
Sohn Gottes,
erbarme dich meiner.

Herr Jesus Christus,
Arzt der Verzweifelten,
schenke mir Heil.

Herr Jesus Christus,
Sohn Gottes,
erbarme dich meiner.

Herr Jesus Christus,
Helfer der Mühseligen und Beladenen,
gib mir Zuversicht und Kraft.

Magen

Alles, was wir mit dem Mund aufnehmen, sammelt sich im Magen. Dort kommt Salzsäure dazu, eine der stärksten Säuren. Sie vernichtet zuerst einmal die meisten Krankheitserreger, die eventuell in der Nahrung sind. Der Speisebrei wird laufend durchmischt und durch den Magensaft teilweise für die Verdauung bereits aufgeschlossen. Zur weiteren Verarbeitung gibt der Magen die Nahrung an den Darm ab.

Wegen der aggressiven Säure muss die Magenwand geschützt werden, damit sie nicht auch zersetzt wird. Dies geschieht durch einen speziellen Schleim, den die Magenzellen absondern. Bei starkem Stress reduziert unser Nervensystem die Beweglichkeit des Magens. Das begünstigt langfristig die Entstehung eines Magengeschwürs. Dazu kommt häufig noch ein Bakterium, das die Säurebarriere des Magens überwinden kann. Heftige Schmerzen sofort nach dem Essen sind immer ein Grund, den Arzt um Aufklärung zu bemühen!

Der Magen bekommt zu spüren, was wir alles schlucken. Manches sollten wir besser ablehnen. Groll, Abneigung und sogar Hass einfach zu schlucken, uns gegen Überlastung nicht zu wehren, weil wir uns machtlos fühlen, keine Heimat zu haben, wo man uns unterstützt, und deshalb nur mit gebrochener Willenskraft unser Leben zu führen – all das schlägt auf den Magen. Auch hier stellt sich die Aufgabe, die eigenen Grenzen, das eigene Maß zu erkennen, und, um des Lebens willen, notfalls auch aggressiv wie die Magensäfte, die eigenen berechtigten Interessen zu verteidigen. Erst dann ist friedliches Zusammenleben wirklich möglich. Der Dichter Friedrich Spitta hat dieser Sehnsucht mit einem Kirchenlied Worte gegeben.

Im Frieden dein, o Herre mein

Im Frieden dein, o Herre mein,
lass ziehn mich meine Straßen.
Wie mir dein Mund gegeben kund,
schenkst Gnad du ohne Maßen,
hast mein Gesicht das selge Licht,
den Heiland, schauen lassen.

Mir armem Gast bereitet hast
das reiche Mahl der Gnaden.
Das Lebensbrot stillt Hungers Not
heilt meiner Seele Schaden.
Ob solchem Gut jauchzt Sinn und Mut
mit alln, die du geladen.

O Herr, verleih, dass Lieb und Treu
in dir uns all verbinden,
dass Hand und Mund zu jeder Stund
dein Freundlichkeit verkünden,
bis nach der Zeit den Platz bereit
an deinem Tisch wir finden.

Darm

Der Darm besteht aus zwei großen Abschnitten, die unterschiedliche Aufgaben haben. In den Dünndarm wird der anverdaute Speisebrei aus dem Magen abgegeben. Hier fließen Bauchspeicheldrüsensaft und Galle ein, um eine vollständige Verwertung zu ermöglichen. Zahlreiche Enzyme spalten die Nahrung in kleinste Bestandteile auf, die über die sehr zahlreichen Darmzotten in den Blutkreislauf gelangen. Von außen betrachtet, ähnelt der Dünndarm den Windungen des Gehirns. Tatsächlich umgeben ihn zahlreiche Nervenzellen, etwa gleich viele wie im Gehirn, die überdies eigenständige Aufgaben wahrnehmen. Man spricht inzwischen auch vom Bauchhirn.

In diesen Zellen werden rund achtzig Prozent des Serotonins hergestellt, ein Nervenbotenstoff, dessen Mangel unter anderem zu Depressionen führt. Sollte man bei Depressionen nicht immer auch eine eventuell vorliegende Darmerkrankung abklären?

Bei starken Verlagerungen des Dünndarms, wie sie bei Operationen im Bauchraum oder aber bei Geburten stattfinden, beobachtet man häufig später depressive Erkrankungen.

Durch seine Eigenbewegung, die Peristaltik, schiebt der Dünndarm den Verdauungsbrei in den Dickdarm. Dort wird im Wesentlichen Verdauungswasser entzogen und in den Kreislauf zurückgeführt.

Durchfall und Verstopfung sind die häufigsten Störungen im Darm. Beides kann im Extremfall le-

bensgefährlich werden: Durchfall durch den Verlust lebenswichtiger Flüssigkeit und Elektrolyte, die vollständige Verstopfung als Darmverschluss, der umgehend operiert werden muss.
Allergiker neigen zu Durchfällen. Sie leiden oft an Mangel an Geborgenheit und Kontakt, fühlen sich einsam, ungeliebt und vernachlässigt. Wer Durchfall hat, kann vom Überfluss nichts für sich behalten, er muss den Dingen ihren Lauf lassen. Daraus entstehende Existenzangst ist leicht zu verstehen, auch wenn die damit verbundene Kritiksucht nicht immer gut zu ertragen ist.
Anders reagiert der Verstopfte: Er kann nicht loslassen, kontrolliert manchmal richtiggehend zwanghaft, hat Angst vor dem, was ans Licht kommen könnte. Geiz und Perfektionismus können ihm und seiner Umgebung das Leben schwer machen. Beiden ist als Aufgabe gestellt, Vertrauen zu entwickeln, Vertrauen in den Fluss des Lebens, darauf, dass immer genug da ist, dass man nicht horten muss und dass man genügend für sich bekommt. Thomas Morus hat das in einem Gebet zum Ausdruck gebracht.

Bitte um einen gesunden Leib und eine gesunde Seele

Schenke mir eine gute Verdauung, Herr, und auch etwas zum Verdauen. Schenke mir Gesundheit des Leibes, mit dem nötigen Sinn dafür, ihn möglichst gut zu erhalten.

Schenke mir eine heilige Seele, Herr, die das im Auge behält, was gut ist und rein, damit sie im Anblick der Sünde nicht erschrecke, sondern das Mittel findet, die Dinge wieder in Ordnung zu bringen.
Schenke mir eine Seele, der die Langeweile fremd ist, die kein Murren kennt und kein Seufzen und Klagen, und lass nicht zu, dass ich mir allzu viel Sorgen mache um dieses sich breit machende Etwas, das sich »Ich« nennt.
Herr, schenke mir Sinn für Humor, gib mir die Gnade, einen Scherz zu verstehen, damit ich ein wenig Glück kenne im Leben und anderen davon mitteile.

Leber

Die Leber hat vielfältige Funktionen, am bekanntesten ist die Entgiftung. Alles, was der Dünndarm an den Blutkreislauf abgibt, wird zuerst in der Leber geprüft. Untaugliches, Schädliches und Überflüssiges, weil schon ausreichend vorhanden, wird sofort abgebaut und der Ausscheidung zugeführt. Für viele Medikamente, die über den Mund aufgenommen werden, wäre hier schon Endstation, würde die Pharmaindustrie sie nicht gezielt so konstruieren, dass sie in der Leber nicht oder nur sehr schwer abgebaut werden können. Genau hier liegt aber das Problem. Nicht nur der Mensch, auch die Kläranlagen können diese Substanzen kaum bewältigen. Deshalb gelangen sie immer mehr in unser Trinkwasser und unsere Nahrung und vergiften schleichend alle Organismen. Die Leber wird von zu vielen Medikamenten und anderen Drogen in ihrer Entgiftungsfähigkeit massiv überfordert und geschädigt.

Die Leber ist zuständig für die Energieproduktion und gleichzeitig Energiespeicher für kurzfristige Reserven. Bei Bedarf (zum Beispiel bei Stress) kann sie diese Energiereserven sehr schnell für Kampf- und Fluchtreaktionen ins Blut abgeben. Größere Energieüberschüsse werden als Fettdepots langfristig angelegt. Fette werden in der Leber wieder zu kurzfristig verfügbaren Zuckern verbrannt.

Chronischer Alkoholmissbrauch, Überernährung und Diabetes sind die Hauptursachen für eine Fettleber, die sich zur Leberentzündung, zur Hepatitis, auswachsen kann. Alle Lebererkrankungen bergen die Gefahr einer Leberzirrhose, in deren Verlauf die Leber ihre Funktionsfähigkeit zunehmend einbüßt.

In der Leber findet auch der Eiweißstoffwechsel statt. Tierische und pflanzliche Nahrungseiweiße werden in ihre Grundbausteine zerlegt und als menschliche Eiweiße für verschiedenste Zwecke neu zusammengesetzt. Bestimmte Substanzen für die Blutgerinnung werden auf diese Weise in der Leber hergestellt und ans Blut abgegeben.

Ohne funktionierende Leber ist der Mensch verloren! Das zeigt, wie wichtig es auch im übertragenen Sinn ist, das richtige Maß zu finden, sich nicht mit einem Zuviel zu belasten und zu überlasten. Es ist lebensnotwendig, zu bewerten und zu unterscheiden, abzulehnen und anzuerkennen. Die Unfähigkeit zu unterscheiden, Angenehmes und Unangenehmes unterschiedlich wahrzunehmen, ist das Hauptsymptom einer Depression. Auch der vor Wut rasende Mensch kennt keine Unterschiede mehr, verliert Maß und Ziel. Was dem wohl über die Leber gelaufen ist? Ärger, Hass und auch Selbsthass zersetzen langsam die Lebenskraft. Und tatsächlich ist der Leberkranke dauernd müde und in allen Lebensbereichen lustlos.

Ein Kind Gottes

Hier steh ich Sünder, Herr,
und weiß nicht weiter.
Täglich wird mir neu gezeigt,
was meine Sünden sind.

Ich wollt ein Großer werden,
einer, dem Ruhm und Ehr gebühren.
Nun hält mich deine Hand,
ich muss ein ganz bescheidnes Leben führen.

Glücklos meiner Tage Lauf,
voll Trauer, Tod und Elend.
Ach Gott, richt' du mich auf,
mach meiner Not ein End.

Verlass' mich nicht,
denk doch daran,
ich bin ja immer noch dein Kind!

Bauchspeicheldrüse

Die Bauchspeicheldrüse hat im Wesentlichen zwei Aufgaben. Sie produziert täglich etwa anderthalb Liter Verdauungssäfte, die im Dünndarm dem Speisebrei beigemischt werden. Die mit der Nahrung aufgenommenen Eiweiße, Kohlenhydrate und Fette können erst dadurch verdaut, das heißt in ihre Einzelbestandteile zerlegt werden. Dieser Verdauungssaft ist so scharf, dass er die Bauchspeicheldrüse selbst verdauen würde, hätte der Körper nicht eine Sicherung eingebaut, indem die Säfte erst im Dünndarm zusammengemischt, also scharf gemacht werden.

Dennoch kommt es bei einer Entzündung der Bauchspeicheldrüse zu genau diesem Verdauungsprozess. In diesem Fall besteht akute Lebensgefahr, an einer sofortigen Behandlung im Krankenhaus führt kein Weg vorbei!

Als Ursachen kommen neben übermäßigem Alkoholkonsum auch Störungen im Gallenabfluss in Frage. Überbesorgte Menschen, die sich nie gut genug und dadurch oft auch abgelehnt fühlen, neigen eher dazu, sich mit Alkohol zu betäuben. Die akute Erkrankung erinnert manchmal an Selbstbestrafung.

Die zweite, bekanntere Aufgabe der Bauchspeicheldrüse ist die Produktion von Insulin. Ist davon zu wenig vorhanden, kann der Energielieferant Zucker nicht mehr in die Zellen aufgenommen werden. Der Zucker reichert sich im Blut an, bis er massiv über die Nieren ausgeschieden wird.

Um das durch den Zucker eingedickte Blut verdünnen zu können, entwickelt der unerkannte Diabetiker oft einen übermäßigen Durst. Die Bezeichnung »Diabetes mellitus« bedeutet »honigsüßer Durchfluss«: Der Betroffene hat viel Süßes im Körper, kann damit aber nichts anfangen. Besteht der eigentliche Bedarf an Süßem nicht eher in einem Mangel an Liebe? Und bekäme man diese Liebe, wie sorgte man dann dafür, sie auch annehmen zu können?

Eine Erkrankung der Bauchspeicheldrüse stellt den Betroffenen immer die Aufgabe, Wohltaten annehmen zu können, sie als Teil ihres Lebens zu begreifen und großzügig weiterzugeben.

Das setzt Liebe und Sorgfalt im Umgang mit sich selbst voraus. Sich nicht selbst ätzend zu zersetzen, sondern bedingungslos anzunehmen! Sich klar zu machen, dass man ein Ebenbild Gottes ist!

Das Ebenbild

Gott,
du hast mich als dein Kind nach deinem Bild geschaffen.
Dir bin ich gut genug.
Hilf mir, dass auch ich mich als gut und wertvoll empfinden kann!
Dann werden meine Schmerzensschreie zu Jubel.
Und mit meinem Leben preise ich deine Güte, solange ich lebe!

Gallenblase

Galle wird in der Leber produziert, in der Gallenblase gespeichert und in den Zwölffingerdarm abgegeben, um Fette als mächtigste Energielieferanten der Nahrung aufzuschließen. Galle ist eine sehr aggressive Säure. »Gift« und »Galle« werden nicht umsonst in einem Atemzug genannt.

Auf der emotionalen Ebene ist hier sehr viel Energie im Spiel. Wenn der Energiefluss ins Stocken gerät, entstehen Gefühle von Verbitterung, man wird nachtragend, verurteilt andere scharf oder wird vor lauter Selbstmitleid unfähig, sich zu entscheiden. Das Ergebnis ist zumeist eine Opferhaltung, in der andere Menschen manipuliert werden und in der sich die Situation oftmals durch falschen Stolz verfestigt.

Manche Menschen leiden heftig an Steinen, die sich in ihrer Gallenblase gebildet haben. Der Stau der Galle, der durch die Verlegung der Abflusswege entsteht, löst die berüchtigten Gallenkoliken aus. Das ist so schmerzhaft, dass die Betroffenen oftmals nur noch vor Schmerzen schreien.

Warum Gallensteine entstehen, ist noch unklar. Auffällig jedoch ist, dass besonders häufig verheiratete, eher blonde und liebe, rundliche Frauen in der zweiten Lebenshälfte betroffen sind. Die schulmedizinische Behandlung dieser Erkrankung ist radikal: Die Gallenblase samt Steinen wird chirurgisch entfernt. Leider halten die Schmerzen bei einzelnen Patientinnen dennoch an. Das zeigt, dass mit dem Entfernen des Symptoms die Ursache nicht getroffen wurde. Die Energie kann bei diesen Frauen immer noch nicht richtig fließen. Vielleicht geht es auch eher darum, sich als Frau seinen unangenehmen aggressiven Impulsen zu stellen, seinen Mitmenschen auch einmal nicht zu gefallen, wenn frau eigene Vorstellungen durchsetzt!

Heilmeditation

Schaffen Sie sich einen Platz, einen Raum, der zumindest für die Zeit Ihrer Meditation ganz Ihnen gehört! Sorgen Sie vor, dass niemand Sie jetzt stören darf. Wagt es dennoch jemand, dann seien Sie, einmal wenigstens, wirklich ungehalten! Sie dürfen zornig und unangenehm sein! Sprechen Sie sich den folgenden Text in einem für Sie passenden Tempo auf eine Kassette. So können Sie sich ganz dem inneren Erleben widmen.

Machen Sie es sich ganz bequem.
Schließen Sie Ihre Augen.
Spüren Sie in Ihren Körper hinein.
Wo fühlen Sie Ihre Unterlage?

Lassen Sie Ihren Blick nach innen, in Ihren Körper hinein sinken.
Durchstreifen Sie sich von Kopf bis Fuß.

Wo fühlen Sie sich wohl?
Verbleiben Sie dort eine Weile.
Gehen Sie dann langsam weiter an eine Stelle, die unangenehm ist.

Was macht es dort unangenehm?
Was brauchen Sie dort, damit es angenehm wird?
Was oder wer hindert Sie, sich das Nötige zu holen?

Gehen Sie in Gedanken, und holen Sie sich, was Sie brauchen!
Fühlt es sich jetzt gut an?
Bleiben Sie noch eine Weile.

Genießen Sie das angenehme Gefühl.

Welche Bilder tauchen jetzt auf?

Lassen Sie den Film weiterlaufen.
Niemand kann Ihren inneren Film bewerten.
Es ist ganz Ihr Film!
Sehen Sie genau hin.
Lassen Sie sich beeindrucken.
Was geschieht?
Lassen Sie den Film laufen, bis er fertig ist.

Jetzt öffnen Sie Ihre Augen. Reiben Sie mit Ihren Händen über Ihren Körper. Zuerst die Arme von oben nach unten und zurück. Jetzt die Beine.
Streichen Sie über Ihr Gesicht, den Hals, die Brust, den Bauch und, soweit Sie können, den Rücken.

Spüren Sie, Sie sind ganz da!

Nieren

Unsere Nieren liegen links und rechts im untersten Teil des rückwärtigen Brustkorbes, gut geschützt von den Rippen, in einem weichen Bett, dem Nierenlager. Dort filtern sie beständig unser Blut und scheiden Schadstoffe im Urin in die Blase aus. Nieren regeln über Hormone den Wasser- und Elektrolythaushalt und beeinflussen damit unseren Blutdruck und das Herz.

Als paariges Organ repräsentieren sie unsere tiefste menschliche Kontaktebene. Was an die Nieren geht, das sitzt tief! Wer einem anderen an die Nieren geht, riskiert brutal und ohne Mitleid dessen Leben, die Zerstörung seiner Persönlichkeit.

Eine Niere, die nicht mehr richtig arbeiten kann, wird zur Belastung für den gesamten Organismus. Nicht mehr unterscheiden können, was gut, was schädlich ist, nicht mehr entgiften können – das führt bei Nierenkranken zu massiven Persönlichkeitsveränderungen. Die enge mitmenschliche Begegnung kann dann sehr belastet sein. Unversöhnlichkeit, Schuldgefühle, egoistisches oder nachtragendes Verhalten, Enttäuschung über den Partner können einerseits zur Nierenschwäche führen, andererseits können sie aber auch aus dem Krankheitsprozess sich entwickeln.

Bewusst trennen können zwischen eigenen Fehlern und dem Verhalten des anderen, zur eigenen Schuld stehen, dem anderen verzeihen können, das sind die Herausforderungen, die sich Nierenkranken in besonderer Weise stellen. Psalm 26 findet

Worte für die Dinge, die einem in dieser Situation durch den Kopf gehen können.

Ein Psalm Davids

Verschaff mir Recht, o Herr; denn ich habe ohne Schuld gelebt. Dem Herrn habe ich vertraut, ohne zu wanken.
Erprobe mich, Herr, und durchforsche mich, prüfe mich auf Herz und Nieren!
Denn mir stand deine Huld vor Augen, ich ging meinen Weg in Treue zu dir.
Ich saß nicht bei falschen Menschen, mit Heuchlern hatte ich keinen Umgang.
Verhasst ist mir die Schar derer, die Unrecht tun; ich sitze nicht bei den Frevlern.
Ich wasche meine Hände in Unschuld; ich umschreite, Herr, deinen Altar,
um laut dein Lob zu verkünden und all deine Wunder zu erzählen.
Herr, ich liebe den Ort, wo dein Tempel steht, die Stätte, wo deine Herrlichkeit wohnt.
Raff mich nicht hinweg mit den Sündern, nimm mir nicht das Leben zusammen mit dem der Mörder!
An ihren Händen klebt Schandtat, ihre Rechte ist voll von Bestechung.
Ich aber gehe meinen Weg ohne Schuld. Erlöse mich, und sei mir gnädig!
Mein Fuß steht auf festem Grund. Den Herrn will ich preisen in der Gemeinde.

Blase

In der Blase sammelt sich der Urin, den die Nieren vorher tröpfchenweise und ohne Unterlass produziert haben. Hier wird gesammelt, um dann bei passender Gelegenheit die ganze Menge auf einmal loszuwerden. Die Blase zeigt, wie wir dicht halten können, welchem Druck wir standhalten und ob wir rechtzeitig loslassen können. Blasenprobleme kennen manche frisch verliebten Frauen als so genannte »Flitterwochen-Zystitis«, eine Blasenentzündung in einer Beziehungsphase, in der frau noch nicht so recht weiß, ob sie sich auf den neuen Partner so richtig verlassen kann. Manche Partnerin entwickelt instinktsicher auf die verschwiegene Untreue ihres Göttergatten eine heftige Blasenentzündung.

Nächtliches Einnässen kommt häufig als Störung bei Kindern vor, wenn die Reifungsvorgänge im Gehirn eine Blasenkontrolle noch nicht richtig zulassen. Andererseits kennt man eine schwache Blase als Reaktion auf starken seelischen Druck. Auch Erwachsene rennen vor wichtigen Prüfungssituationen oftmals auf die Toilette. Vor allem mit zunehmendem Alter kommt es gelegentlich zur Überlaufblase, einer Blase, die immer gefüllt ist und nur bei Überdruck teilweise entleert werden kann. Auch der alte Mensch wird wie das Kind oft wieder inkontinent. Ob Kind oder reifer Mensch, Blasenprobleme nagen an unserem Selbstwertgefühl. Um Peinlichkeiten auszuweichen, verzichten viele Betroffene auf gesellschaftlichen Umgang.

Nur weinen

O Gott, ich bin voller Tränen.
Ich möchte nur noch weinen.
Aber ich habe keinen Ort für meine Tränen.
Ich möchte niemandem zeigen, wie schwer mir's ums Herz ist.
Ich weiß ja auch gar nicht, warum mir so zu Mute ist.
Es ist nur so.
Schenke mir einen Platz, wo ich mich so richtig ausweinen darf.
Und wenn jemand dabei ist, dann sorge bitte dafür,
dass dieser Mensch einfach nur da ist,
sich nicht über mich aufregt und anstrengende Fragen stellt.
Lass mich einfach nur weinen!

Geschlechtsorgane

Nirgendwo wird der Unterschied zwischen Mann und Frau so deutlich wahrgenommen wie bei den Geschlechtsorganen. Nirgendwo sind Menschen so offen und verletzlich wie im Bereich des Geschlechtlichen. Und nirgendwo wird so oft vom jeweils anderen Geschlecht mit Herablassung gesprochen, werden derbe, unter die Haut gehende Witze gerissen. Es ist ein Machtkampf um Vorzüge und Überlegenheit eines Geschlechts, um sich seiner Schamgefühle und unerfüllten Liebessehn-

sucht nicht stellen zu müssen. Zu lernen wäre, das Eigene und das Fremde zu schätzen und so Gemeinsamkeiten zu finden. In der Anerkennung der Gegensätzlichkeit liegt die Kraft, die neues Leben hervorbringt.
Die Brust ist eigentlich bei Männern und Frauen gleich angelegt. Durch Hormone entwickelt sich die Milchdrüse lediglich bei Frauen zur vollen Reife und zum äußeren Geschlechtsmerkmal. Die Brust steht für Geborgenheit, Fürsorge und Mütterlichkeit im besten Sinne. Doch manche Mütterlichkeit wird im Körperlichen und im Seelischen weit überfordert. Dann stellen sich unweigerlich Krankheiten ein. Ist es ein Wunder, dass Brustkrebserkrankungen zunehmen in einer Zeit, die das Muttersein so gering achtet wie nie zuvor?
Die anderen weiblichen Geschlechtsorgane ruhen tief im Inneren verborgen, keiner Betrachtung, keinen Vergleichen zugänglich. Wohl weil man keiner Frau ansehen kann, ob sie ihre Gebärmutter und/oder Eierstöcke noch hat, haben viele Menschen, insbesondere Ärzte, Frauen für verrückt erklärt, wenn sie mit dem Verlust ihrer Gebärmutter auch einen Verlust ihrer Weiblichkeit erlebten.
Im Hebräischen, der Sprache der Bibel, ist die Wortwurzel für »Gebärmutter« und »barmherzig sein« identisch. Trifft das nicht den Kern? Entstammt nicht jeder Mensch der barmherzigen Geborgenheit der Gebärmutter?
Ein weiterer Zusammenhang tut sich hier auf: Verletzungen der tiefsten weiblichen Empfindungen können die Gebärmutter zu barmherzig zudecken-

den Wucherungen veranlassen. Auch wenn sie als gutartig bezeichnet werden, können Endometriosen (Gebärmutterschleimhautwucherungen außerhalb der Gebärmutter), Myome (knotige Muskelzellwucherungen), Zysten (flüssigkeitsgefüllte Blasen, meist der Eierstöcke) und Blutungen das Leben der Frau zur Hölle machen. Schnell ist hier der Chirurg zur Stelle, leider nicht immer mit dem versprochenen Erfolg. Verursacht er doch neue Verletzungen, um die alten zu heilen.

Sind tiefe emotionale Verletzungen die Ursache der Krankheit, ist das Skalpell fehl am Platz. Hier hilft eine verzeihende, bedingungslose (Selbst-)Liebe. Das ist in einem lieblosen Umfeld aber sehr schwer. Aus Erfahrung wissen wir, dass diese Herzensangelegenheiten, bleiben sie ungelöst, auf Dauer auch das Herz in Mitleidenschaft ziehen.

Beim männlichen Geschlechtsorgan denkt ein Mann meist sofort und ausschließlich an den Penis. Das erigierte Glied, der Phallus, ist nicht nur ein Symbol der Fruchtbarkeit, sondern auch der Macht. Männer haben ihren Mann zu stehen. Diese Konzentration auf den Penis als Ausdruck von Macht und Stärke, die alles andere, Hoden, Samenleiter und -bläschen, Prostata und Harnröhre als nebensächlich erscheinen lässt, ist dem Menschen oder Mann seit Menschengedenken zu eigen. Auch in der Bibel zeigt sie sich: Als Rehabeam, der Sohn Salomos, sein Königtum gegenüber den Stämmen des Nordens durchsetzen wollte – so erzählt es eine Geschichte in 1 Kön 12 –, kamen die älteren Männer und rieten ihm, die harte Herrschaft des Vaters zu lockern, um die Stämme des Nordens für sich einzunehmen. Die jungen Leute hingegen empfahlen ihm noch strengere Härte: »So sollst du zu Ihnen sagen: ›Mein kleiner Finger ist stärker als die Lenden meines Vaters.‹« Mit den Lenden wird auf den Penis angespielt.

Die Angst vor dem Verlust des Penis und vor Erektionsschwäche ist für den Mann von großer Bedeutung. Entsprechend verkommt mit solchen Sprüchen Sexualität zur Machtdemonstration. Der angebliche Penisneid der Frauen auf der anderen Seite ist demgegenüber wahrscheinlich wesentlich weniger verbreitet und geradezu unbedeutend.

Unfruchtbarkeit und Impotenz des Mannes haben unterschiedliche, auch organische Gründe. Bei der Impotenz ist vielfach ein überstarkes Mutterbild mit entscheidend. Der Mann ist Versagensängsten ausgesetzt, in ihm macht sich das Kind seiner Mutter bemerkbar, das nicht erwachsen werden will, zwar die Position des Ödipus einnehmen will, aber dennoch nicht bereit ist, die Konsequenzen auf sich zu nehmen.

Wenn das Wasserlassen in den besten Jahren zunehmend schwer fällt und Schmerzen verursacht, ist der Besuch eines Arztes dringend erforderlich. Das Prostata-Karzinom, das sich in dieser Weise ankündigt, gehört zu den häufigsten Krebserkrankungen.

Der abschließende biblische Text aus dem Hohelied Salomos (Hld 7, 7–13), ein Zwiegespräch zwischen Geliebtem und Geliebter, möchte dazu anregen, Sexualität als natürliche und gute Möglichkeit der Gemeinsamkeit wieder für sich zu entdecken. Der Beischlaf wird im Hebräischen mit dem Wort »erkennen« umschrieben. So heißt es im Buch Genesis (4,1): »Adam erkannte Eva, seine Frau; sie wurde schwanger und gebar Kain.« Erkennen bedeutet in Beziehung treten, erfordert ein wechselseitiges Offenbaren ebenso wie ein Hinhören. Der Beischlaf ist die innigste Weise, in der zwei Menschen in Beziehung zueinander treten.

Das Hohelied der Liebe

Wie schön bist du und wie reizend, du Liebe voller Wonnen!
Wie eine Palme ist dein Wuchs; deine Brüste sind wie Trauben.
Ich sage: Ersteigen will ich die Palme; ich greife nach den Rispen. Trauben am Weinstock seien mir deine Brüste, Apfelduft sei der Duft deines Atems,
dein Mund köstlicher Wein, der glatt in mich eingeht, der Lippen und Zähne mir netzt.
Ich gehöre meinem Geliebten, und ihn verlangt nach mir.
Komm, mein Geliebter, wandern wir auf das Land, schlafen wir in den Dörfern.
Früh wollen wir dann zu den Weinbergen gehen und sehen, ob der Weinstock schon treibt, ob die Rebenblüte sich öffnet, ob die Granatbäume blühen. Dort schenke ich dir meine Liebe.

»Ich bin krank«

Nicht immer tritt Krankheit als plötzliches Ereignis in unser Leben. Manchmal ist es ein schleichender Prozess, der sich mit leisen Signalen ankündigt und in kleinen Schritten vollzieht, bis es zu einer Krise des Lebens kommt. Und nicht immer ist Krankheit ein vorübergehender Einschnitt, der am Ende Heilung und Heil bringt. In manchen Fällen begleitet Krankheit das Leben eines Menschen bis zum Tod und wird so zur besonderen Herausforderung für die Lebensgestaltung.

Erste Anzeichen

Bevor bei uns eine ernste Krankheit diagnostiziert wird, durchleben wir in aller Regel eine längere Phase, in der eigene vitale Bedürfnisse von uns selbst oder von anderen (oft mit unserer unbewussten Zustimmung) nicht genügend beachtet werden:

➤ Wir arbeiten zu viel.
➤ Wir haben keine Zeit, um vernünftig zu essen.
➤ Wir vernachlässigen das Bedürfnis unseres Körpers nach Bewegung und anderes mehr.

Und zur Krönung des Ganzen gönnen wir uns dann eine gehörige Portion schlechtes Gewissen. Was uns nur zusätzlichen Stress bringt!

Je nach Konstitution halten wir diese Lebensweise manchmal recht lange aus. Das leise Unbehagen, das uns doch immer wieder beschleicht, können wir beschwichtigen. Viele Hinweise unseres Körpers, Schmerzen und Unwohlsein, ignorieren wir. Wurden wir denn nicht seit unserer frühesten Kindheit mit tüchtigen und starken Vorbildern konfrontiert?

Erfolgreich sein bedeutet meist, andere in Kraft und Leistungsfähigkeit weit zu übertreffen. Leider verlieren wir bei diesem Streben oft jede Wahrnehmung für unsere körperlichen und seelischen Grenzen.

Auf diese Überforderung reagiert unser Körper mit zunächst leisen, dann aber immer massiveren Warnzeichen.

Der Schnupfen, die dritte Grippe in diesem Winter, die lästigen Rückenbeschwerden, der stets wiederkehrende Kopfschmerz werden bagatellisiert, und wir gehen wie gewohnt zur Tagesordnung über. Zornig über die eigene Schwäche verdoppeln wir unsere Durchhaltebemühungen, statt uns Zeit zum Nachdenken und unserem Körper ausreichend Ruhe und Erholung zu gönnen.

Oft wissen wir schon lange, dass wir in unserer Lebensweise Veränderungen vornehmen sollten. Doch wir fühlen uns hilflos den Ansprüchen eines »immer schneller«, »immer mehr«, »immer effizienter« ausgeliefert und sind unfähig, als Einzelne die nötigen Konsequenzen zu ziehen!

Dabei haben wir gerade jetzt die große Chance, entscheidende Weichenstellungen vorzunehmen. Jetzt die Wende zu schaffen, würde bedeuten, noch einmal mit heiler Haut davonzukommen.

Krankheitszustände und Befindlichkeitsstörungen in diesem Stadium werden häufig mit naturheilkundlichen Maßnahmen wie regelmäßigen Gaben von Tee und Tropfen oder mit physikalischen Therapien wie Massage, Fango und Wassergüssen behandelt.
Entscheidend scheint dabei der Aspekt der Regelmäßigkeit zu sein. Letztlich hilft uns diese zunächst noch harmlosere Erkrankung, mit Hilfe kleiner Veränderungen wieder zu einer zuträglicheren Lebensweise zurückzukehren. Ein Gebet wie das hier folgende kann helfen, uns das bewusst zu machen.

Ich will mich mit mir versöhnen

Gott, ich bin schuldig geworden.
Ich habe meine Gesundheit vernachlässigt, die Signale meines Körpers überhört.
Im Strudel der Geschäftigkeit war ich immer der Erste.
Wenn es etwas zu tun gab, war ich immer vorne dran.
Dabei habe ich es versäumt, mich um meine Lieben zu kümmern.
Vor lauter Arbeit hatte ich nie richtig Zeit für meine Freunde.
Und nun kann ich nicht einmal mehr meine Arbeit richtig tun.
Ich fühle mich schwach und elend.
So viele Termine drängen.

Ich habe nicht einmal mehr die Kraft, sie abzusagen.
Jetzt würde ich gern Verantwortung abgeben.
Aber nun ist niemand mehr da, dem ich Aufgaben übertragen könnte.
In meinem Hunger nach Anerkennung und Liebe,
meiner Gier, wichtig und bedeutsam zu sein,
habe ich mir alles allein aufgehalst.

Hilf du mir!
Schenke mir eine kleine Pause zum Atemholen!
Zeige mir eine Lösung, einen Ausweg!
Auch ich möchte mich doch an der Welt wieder freuen,
möchte jubeln über deine Schöpfung.
Du bist der Heilige, der Höchste.
Wenn du mir nicht hilfst, wer dann?
Ich flehe dich an:
Zeige mir eine Lösung, einen Ausweg!

Ungewissheit und Angst

Zum Unwohlsein gehören Gefühle von Unsicherheit und Angst. In unserem Körper geschieht etwas, das wir nicht so recht verstehen, worauf wir wenig Einfluss haben. Ob es beim Schnupfen bleibt, ob daraus etwas Lästigeres wird, zum Beispiel eine Vereiterung der Nebenhöhlen, ob sich daraus dann eine möglicherweise lebensbedrohliche Erkran-

kung, zum Beispiel eine Herzmuskel- oder eine Lungenentzündung entwickelt – all das wissen wir zunächst nicht.
Unsere Erfahrung zeigt uns zwar, dass es in den meisten Fällen bei der leichten Erkrankung bleibt, dennoch werden wir das Unbehagen und das Grauen vor etwas Schlimmerem nicht leicht los. Und das ist gut so! Verhindert es doch, dass wir uns allzu weit vom Gesunden entfernen.
Denn wenn wir nicht rechtzeitig gegensteuern, werden aus den spürbaren akuten Erkrankungen langfristig schleichende, nicht leicht zu fassende chronische Prozesse.
Scheinbar gesund, spüren wir, dass dennoch etwas nicht in Ordnung ist.
In dieser Situation gehen viele zum Arzt, um Klärung zu finden, eine verlässliche Diagnose, eine Therapie. Am besten eine Pille, die wir einmal schlucken, wie ein Zaubermittel, und dann ist alles wie weggeblasen. Doch dies bleibt ein Wunschtraum.
In diesem Erkrankungsstadium können Ärzte, insbesondere wenn sie klassisch ausgebildet sind, in aller Regel nichts feststellen, was von ihren Normwerten abweicht.
Dennoch haben die Menschen, die zu ihnen kommen, Beschwerden und manchmal zum Teil heftige Schmerzen – obwohl sie medizinisch als »gesund« gelten. Deshalb haben Ärzte große Mühe, die von den Patienten geschilderten, oft uneinheitlichen Symptome bestimmten Krankheitsbildern zuzuordnen.

Ärzte beklagen heute vielfach, dass sie zu wenig Zeit für den einzelnen Patienten haben und aufgrund des Finanzrahmens die diagnostischen und therapeutischen Möglichkeiten eingeschränkt sind. Angesichts dieser Rahmenbedingungen und der Tatsache, dass zahlreiche Krankheiten nur schwer zu erkennen sind beziehungsweise viele Krankheiten schlicht noch nicht ausreichend erforscht sind, sehen sich viele Ärzte bei bestem Bemühen oft überfordert.

Nicht selten kommt es leider vor, dass aus dieser Hilflosigkeit, und »damit wenigstens etwas geschieht«, körperliche Erkrankungen fälschlich als psychisch bedingt (wenn man von gesellschaftlich verursachten unzuträglichen Lebensverhältnissen und den daraus entstehenden Konflikten einmal absieht) oder gar als eingebildet bewertet werden, andererseits aber tatsächliche psychische Erkrankungen in ihrer körperlichen Erscheinung nicht erkannt werden.

So werden insbesondere bei Männern die Symptome einer Depression häufig nicht entdeckt, da Männer sich in der Regel nicht über ihre Gefühle und Stimmungen äußern. Der hier als Depressionssymptom auftretende Kopfschmerz wird isoliert betrachtet und nicht im persönlichen Gesamtzusammenhang. Bei Frauen wiederum übersieht man oft Symptome eines Herzinfarkts und behandelt eine Herzneurose.

Patienten brauchen Ärzte, die sie in einem umfassenden Sinn verstehen und ihnen helfen können. Auch Ärzte leiden unter den beschriebenen missli-

chen Umständen und sind froh, wenn sie mit ihren Mitteln Patienten helfen können. Im Idealfall passen Patientenhoffnung und Handlungsmöglichkeiten des Arztes zusammen.
Ein Weg zum gemeinsamen Verständnis ist, sich im Gebet über seine Not klar zu werden, das eigene Anliegen deutlich zu formulieren. Eigentlich ist dies der entscheidende erste Schritt zur Heilung. Das folgende Gebet versucht hierfür ein Beispiel zu geben.

Ausweglose Schmerzen

Vater im Himmel!
Ich habe Schmerzen, und keiner kann mir sagen, woher sie kommen.
So viele Ärzte habe ich schon aufgesucht, jeder vermutet etwas anderes.
Mir schwindet der Mut. Der Besuch einer weiteren Praxis erscheint mir sinnlos.
Bilde ich mir vielleicht alles nur ein?
Keiner nimmt mich wirklich ernst.
Ich werde nicht verstanden!
Keiner hilft mir.
Und dabei habe ich doch solche Schmerzen.
Jeder Tag ist eine einzige Qual.

Du kennst mich doch.
Keine Faser meines Körpers ist dir unbekannt.
Keine Regung, kein Gedanke bleibt dir verborgen.

Lass mich verstehen, was mit mir geschieht!
Zeige mir, wozu meine Schmerzen gut sein könnten, und, bitte, nimm sie wieder weg von mir!
Ich brauche keine Schmerzen,
ich möchte froh sein.
Es tut so weh, hilf mir!

Die Diagnose

Wenn das Ziel klar ist, zum Beispiel »Ich möchte wieder schmerzfrei gehen können«, folgt als nächster Schritt die Suche nach der Ursache: Was verhindert das schmerzfreie Gehen?
Im ärztlichen Sprachgebrauch ist das die Diagnose. Sie entsteht aus der erfragten Vorgeschichte des Patienten, der so genannten Anamnese (griech., zu Deutsch: »Erinnerung«), und den Symptomen, das heißt den Krankheitszeichen, die beobachtet (»Ausschlag«), beschrieben (»stechender Schmerz«) und gemessen (Laborwerte) werden.
Diese Informationen zusammenzutragen, erfordert Geschick und Ideenreichtum von Seiten des Arztes, denn nicht jedes wichtige Detail fällt dem Patienten auf Anhieb ein. So nachzufragen, dass einerseits die nötigen Daten erhoben, andererseits Patienten nicht unnötig beunruhigt werden oder gar durch missverständliche Aussagen und Bewertungen auf eine falsche Fährte gelockt werden, ist eine hohe Kunst.
Für viele Patienten bedeutet es zunächst große Er-

leichterung, endlich zu wissen, was ihnen fehlt. Einen Namen für die Beschwerden zu kennen, heißt auch, das Problem einzugrenzen. Dadurch wird die ganze Vielfalt möglicher Bedrohungen durch schlimme Leiden auf eine einzige Krankheit begrenzt.

Gleichzeitig entsteht meist zumindest eine Ahnung, was man gegen das Problem tun könnte. Wie schön, wenn man weiß, jetzt bekommt man einen Verband, muss, um im Beispiel zu bleiben, eine Zeit lang das Bein entlasten und kann nach aller Erfahrung davon ausgehen, dass in wenigen Wochen alles verheilt ist. Diese Situation erhoffen sich wohl die meisten von uns.

Andere haben fürchterliche Ahnungen, drücken sich lange vor einem Arztbesuch. Denn ebenso könnte sich eine schlimmere Erkrankung als Ursache der Schmerzen im Bein herausstellen. Hin- und hergerissen starrt man wie das Kaninchen auf die Schlange, ist gelähmt vor Angst.

Alle Gedanken kreisen um das Bein: Soll ich deshalb zum Arzt gehen oder besser doch nicht? Kann der mir überhaupt helfen, oder kann ich nicht selbst genau das Gleiche tun wie der Arzt? Was, wenn er nicht mehr weiß als ich selbst? Aber wenn ich doch gehe – wie dumm stehe ich da, wenn er dann nichts findet?

Grundsätzlich verdient der Arzt unser Vertrauen. Um ein solches wirbt das biblische, von Luther zu den Apokryphen gerechnete, in der Einheitsübersetzung jedoch enthaltene Buch Jesus Sirach (Sir 38, 1–15).

Vom Vertrauen in die Heilkunst der Ärzte

Schätze den Arzt, weil man ihn braucht; denn auch ihn hat Gott erschaffen.
Von Gott hat der Arzt die Weisheit, vom König empfängt er Geschenke.
Das Wissen des Arztes erhöht sein Haupt, bei Fürsten hat er Zutritt.
Gott bringt aus der Erde Heilmittel hervor, der Einsichtige verschmähe sie nicht.
Wurde nicht durch ein Holz das Wasser süß, sodass Gottes Macht sich zeigte?
Er gab dem Menschen Einsicht, um sich durch seine Wunderkräfte zu verherrlichen.
Durch Mittel beruhigt der Arzt den Schmerz, ebenso bereitet der Salbenmischer die Arznei, damit Gottes Werke nicht aufhören und die Hilfe nicht von der Erde verschwindet.
Mein Sohn, bei Krankheit säume nicht, bete zu Gott; denn er macht gesund.
Lass ab vom Bösen, mach deine Hände rechtschaffen, reinige dein Herz von allen Sünden!
Bring den beruhigenden Duft eines Gedenkopfers dar, mach die Gabe fett, wenn dein Vermögen es erlaubt.
Doch auch dem Arzt gewähre Zutritt! Er soll nicht fernbleiben; denn auch er ist notwendig.
Zu gegebener Zeit liegt in seiner Hand der Erfolg; denn auch er betet zu Gott,
er möge ihm die Untersuchung gelingen lassen und die Heilung zur Erhaltung des Lebens.

Wer gegen seinen Schöpfer sündigt, muss die Hilfe des Arztes in Anspruch nehmen.

Wenn man sich dann doch aufrafft und zum Arzt geht, bekommt man hoffentlich sofort einen Termin, bevor man es sich gleich wieder anders überlegt. Auch im Wartezimmer ist man innerlich auf dem Sprung, gleich aufzustehen und wieder zu gehen. Dennoch, für die weitaus größte Anzahl der Menschen endet mit dem Arztbesuch zunächst eine quälende Ungewissheit.

Noch einmal davongekommen

Nun ist es geschafft! Es war lästig, aber nicht wirklich schlimm. Noch ein paar Tage Schonung, dann können Sie Ihr gewohntes Leben aufnehmen. Gott sei Dank!

Kaum jemand macht sich dann noch groß Gedanken, warum es so gelaufen ist. Warum gerade ich, warum gerade jetzt? Das sind keine Überlegungen, wenn man gute Nachrichten erhalten hat. Und dennoch ist es lohnend, sich noch ein wenig damit zu befassen. Vielleicht steckt hinter der an sich harmlosen Verletzung doch eine wichtige Botschaft unseres Körpers! So manche alte Weisheit erinnert an solche Zusammenhänge: »Überlastete Mütter haben kranke Kinder!« Wie klar zeigt sich hier das Wechselspiel zwischen sozialen Gegebenheiten, körperlichen Fähigkeiten und seelischen Belastungen. Auch wenn man nicht als »eingebildeter Kran-

ker« gelten möchte, ein wenig ernster dürfen wir die so genannten banalen Krankheiten schon nehmen.
Vielleicht bräuchten wir öfter eine kleine Pause, trauen uns aber nicht, diesen Anspruch durchzusetzen. Es sei denn, wir haben Fieber. Oder wir leben sehr stürmisch, dann könnte uns der Bänderriss zum Innehalten auffordern und uns mahnen, künftig bedachtsamer vorzugehen.
Auf jeden Fall dürfen wir dankbar sein, dass unser Körper so reaktionsfähig ist und uns rechtzeitig den kleinen Tritt verpasst, damit wir an unseren Entwicklungschancen nicht geradewegs vorbeigehen. Aufatmen, genau betrachten, was gemeint sein könnte, die Konsequenzen ziehen und dann beruhigt weitermachen. Bis wir wieder mit der Nase darauf gestoßen werden, dass wir uns erneut auf dem berühmten Holzweg befinden.

Ein Dankgebet

Guter Gott,
ich will dir danken, denn dank deiner Hilfe habe ich meine Krankheit überwunden. Du hast viele Sorgen und Ängste von mir genommen, ich preise deinen Namen.

Aber meine Genesung ist erst der Anfang. Ich weiß, dass diese Erkrankung ein Warnschuss war, dass sich etwas in meinem Leben ändern muss.

Hilf du mir dabei, guter Gott, dass ich mich nicht weiter an mir versündige, indem ich so weitermache wie bisher. Ich will wirklich gesund, will heil werden, in Zukunft achtsamer werden für mich selbst.
Was kann sich ändern? Was muss sich ändern? Zeige du mir Wege, guter Gott!

Unabhängig von der Situation können wir Gott unsere Dankbarkeit in einem kurzen Vers aus Psalm 118 (V. 21) entgegenbringen.

Ich danke dir, dass du mich erhört hast; du bist für mich zum Retter geworden.

Leider kein Glück

Für Sie ist leider alles anders! Die Diagnose des Arztes hat die schlimmsten Befürchtungen bestätigt. Ab sofort gelten andere Maßstäbe.
Manches Krankheitsbild, wie ein Herzinfarkt oder ein Schlaganfall, erfordert schnellste Behandlung in spezialisierten Kliniken. Hier darf auf keinen Fall Zeit verloren werden! Ehe Sie zur Besinnung kommen können, müssen um Ihres Überlebens willen von anderen Menschen wichtigste Entscheidungen für Sie getroffen werden. Die emotionale Auseinandersetzung mit der Situation steht erst einmal zurück; sie fällt schon in den Genesungsprozess.

In diesem Stadium geht es kaum mehr um eigene Entscheidungen, die getroffen werden müssen, vielmehr geschehen Maßnahmen am Patienten und an der Patientin. Was vorwiegend schicksalhaft erlebt wird, muss bewusst und vollständig angenommen und verarbeitet werden, Gutes und Hilfreiches ebenso wie mögliche Versäumnisse und eventuell sogar Fehler des Fachpersonals.
Ein krankhafter Tumor, Krebs im Volksmund genannt, hat jedoch bis zu seiner Entdeckung schon einige Zeit, meist mehrere Jahre Wachstum hinter sich. Hier kann, muss aber nicht schnellstens gehandelt werden. Ausschlaggebend sollte hier das Bedürfnis des Patienten sein. Erst muss der Kopf klar werden, dann wird entschieden, welche Therapiemaßnahmen ergriffen werden sollen, um die Gesundheit so weit wie möglich wiederherzustellen.
Manche Menschen reagieren auf die Diagnose wie in Trance, blenden erst einmal alle Wahrnehmung aus. Die Seele schützt sich so vor Überforderung. Andere werden hektisch, wollen sofort alles hinter sich bringen, am besten sofort operieren, sofort eine Chemotherapie, sofort sich retten. Wieder andere hadern, sind verzweifelt, weinen, schreien, toben. In unserem gesellschaftlichen Kontext tun dies wenige Menschen offen, es geschieht meist im Verborgenen, wenn sie allein sind. Der betroffene Mensch braucht genügend Zeit, sich an die neue Situation zu gewöhnen. Hier ist einfühlsame Begleitung gefordert, die den Kranken unterstützt. Mancher möchte erst eine Auszeit, den lange ge-

planten Urlaub, ein paar schöne Tage mit dem Partner genießen, und sich so gerüstet der Behandlung stellen.

Andere müssen sich erst noch alle verfügbaren Informationen beschaffen, zum Beispiel ob und welche alternativen Behandlungskonzepte sinnvoll sein könnten, welche Folgen welches Verfahren nach sich zieht und vieles andere mehr.

In aller Regel ist dafür aus medizinischer Sicht genügend Zeit. Vorsicht also, wenn Sie jemand zu übereiltem Handeln überreden will.

➤ Holen Sie auf jeden Fall eine zweite Meinung (von einem anderen Arzt) zu Ihrem Fall ein. Das ist Ihr gutes Recht!

➤ Stimmen Sie einer Behandlung erst zu, wenn Sie alles verstanden haben und mit dem Vorgehen des Arztes wirklich einverstanden sind! Damit erhöhen Sie die Wahrscheinlichkeit enorm, dass die Behandlung zu Ihrer Heilung beiträgt.

➤ Holen Sie sich alle Unterstützung, die Sie brauchen! Da es um Ihre Krankheit, um Ihr Leben geht, geht es auch um Ihre ganz individuelle Unterstützung, und die kann völlig unterschiedlich sein: Vielleicht bitten Sie Freunde um ihr Gebet, suchen sich Gesprächspartner oder ziehen sich in Einsamkeit zurück, um ganz mit sich und Ihrem Schöpfer allein ihre Situation zu klären und von ihm Hilfe zu erbitten.

Die Schriftstellerin Ricarda Huch (1864–1947) kannte die beschriebene Situation offenbar selbst sehr gut aus eigenem Erleben oder Miterleben. Sie hat diese Erfahrungen in Gebetsworte gefasst.

Gebet in höchster Not

Herrgott, ich bin allein zu schwach,
Hilf mir in diesem Streite,
Sei du durch dieses Ungemach
Des schwanken Schritts Geleite.
Die Hände dein sind voller Gut,
Voll eitel Kraft und Leben,
Mein Herz erstirbt; gib neuen Mut,
Der Hölle zu entschweben.

Herrgott, es steigt der trübe Schwall
Zum Halse mir zum Ersticken,
Laß deiner Stimme Frühlingsschall
Mich hören und erquicken.
Mach, daß die Flut mich nicht verschlingt,
Daß unter deinem Schirme
Ich auf den Wellen starkbeschwingt
Wie eine Schwalbe stürme.

Hier lacht kein Freundesangesicht,
Der Sterblichen Gebete
Vergingen wie ein qualmend Licht,
Wenn nicht dein Hauch hier wehte.
Herrgott, mein töricht Wunsch und Wahn
Weiß nicht, was Nutz und Schade;
Was mir von dir wird angetan,
Sieg oder Tod, das nehm ich an,
Das fließt vom Quell der Gnade.

Eine einschneidende Behandlung

Schwere Krankheiten verändern den ganzen Menschen. Eines bewirkt bereits die Krankheit, das Übrige leistet die Heilbehandlung. Oftmals muss sich ein Patient ganz bewusst entscheiden, ein Organ oder ein Körperteil zu opfern, um zu überleben.

Die Medizin kennt zweierlei Arten von Heilung: die vollständige Heilung als Rückkehr zum ursprünglichen gesunden Zustand und die so genannte Defektheilung; dabei entsteht ein bleibender Schaden, mit dem der Körper sich neu konstituiert.

Im Beispiel des schmerzenden Beins kann ein Knochenbruch nahezu ohne bleibende Beeinträchtigung vollständig ausheilen, das Bein wieder wie ursprünglich funktionsfähig werden. Oder aber der Schmerz geht von einem Knochentumor aus, und durch die notwendige Operation wird zwangsläufig ein Stück Knochen entfernt. Dadurch entsteht ein bleibender Schaden, zum Beispiel eine Verkürzung des Beines und damit eine unumkehrbare Veränderung für das Gehen und für die gesamte Körperhaltung, an die man sich erst gewöhnen muss.

Auch Medikamente bewirken einschneidende körperliche Veränderungen. Nicht umsonst verbreitet die klassische Chemotherapie mit ihren schweren Nebenwirkungen solchen Schrecken.

Es ist eine große Herausforderung, diese Veränderungen anzunehmen und sich mit dem defekten Körper wieder seelische Ganzheit zu erarbeiten. Hilfreich sind sicherlich Kontakte zu Menschen, die

diese deutlichen Veränderungen akzeptieren und ganz natürlich damit umgehen können.
Die folgenden beiden Gebete sind auf die Situation der einschneidenden Operation hin formuliert, das eine zur Vorbereitung, das andere als Klage über einen Verlust.

Vor der Behandlung

Guter Gott!

Das ist zu viel!
Was willst du mir noch zumuten!
Reicht es nicht, dass ich so übel dran bin?
Musst du von mir auch noch verlangen,
selbst die Zustimmung zu geben,
dass mein Körper durch eine Operation verstümmelt wird?

Gibt es denn gar keinen Ausweg?

Ich habe Angst!
Ich fühle mich so allein!
Gibt es denn niemanden,
der mir die Entscheidung abnehmen kann?

Ich weiß nicht,
wie ich weiterleben soll!

Wie soll ich je wieder unter Menschen,
wenn ich mich selbst nicht wiedererkenne?

Hilf mir!
Hilf mir!
Hilf mir!

Klage über einen Verlust

O Gott, ich bin geschlagen, wo bist du, Gott?
Hast du mich verlassen?
Oder bist du am Ende sogar zu meinem Feind geworden, hast diese Krankheit über mich gebracht?
Ich bin allein, fühle mich einsam, verlassen von dir und allen Menschen.
Die Behandlung hat mich verändert, ich bin verunsichert, mein Körper ist mir fremd geworden. Werden sich nicht auch die besten Freunde von mir abwenden, wenn sie mich so wieder sehen?
Du ferner Gott, steh mir bei!
Ich flehe dich an: Sei mir nahe, und hilf mir!
Begleite mich auf dem schweren Weg, den ich jetzt zu gehen habe und dessen Ziel so fern erscheint.
Wann werde ich mich selbst wieder akzeptieren können, so, wie ich bin?
Ich bitte dich aber auch um Begleitung durch Familie und Freunde!
Schenke mir Menschen, die sich mir zuwenden, Menschen, die meine Veränderungen akzeptieren können, Menschen, die mir bei-

stehen und durch ihren Beistand meine Angst lindern.
Gott, so fern du mir erscheinst, ich vertraue auf dich.
Doch nicht, wie ich will, sondern wie du willst.
Dein Wille geschehe!

Gute und schlechte Prognosen

Ganz entscheidend für den weiteren Verlauf der Krankheit ist die Vorstellung, wie der Krankheitsprozess enden kann. Es macht einen himmelweiten Unterschied, ob man damit konfrontiert wird, dass die Überlebenschancen bei dieser Krankheit gering sind, oder zu wissen, dass die Allermeisten nach einer Zeit intensiven Ringens um ihre Gesundheit wieder in den Alltag zurückkehren können. Entsprechend entwickeln sich auch die Gefühle. Verzweifelter Widerstand, Resignation, Ungeduld, Zuversicht und Hoffnungslosigkeit können sich in rascher Folge abwechseln. Letztlich müssen wir zu einer geklärten Einstellung kommen, in der wir für beide Perspektiven, die Rückkehr ins Leben oder das Voranschreiten in den Tod, gleichermaßen offen sein können.
Den Zwiespalt von Krankheit zum Tode und Genesung aus der Krankheit beschreibt auch das Gebet, das dem biblischen Buch des Propheten Jesaja zufolge Hiskija, der König von Juda, angesichts einer ernsten Erkrankung gesprochen haben soll (Jes 38,10–20):

Das Danklied Hiskijas

Ich sagte: In der Mitte meiner Tage muss ich hinab zu den Pforten der Unterwelt, man raubt mir den Rest meiner Jahre.
Ich sagte: Ich darf den Herrn nicht mehr schauen im Land der Lebenden, keinen Menschen mehr sehen bei den Bewohnern der Erde.
Meine Hütte bricht man über mir ab, man schafft sie weg wie das Zelt eines Hirten. Wie ein Weber hast du mein Leben zu Ende gewoben, du schneidest mich ab wie ein fertig gewobenes Tuch. Vom Anbruch des Tages bis in die Nacht gibst du mich völlig preis;
bis zum Morgen schreie ich um Hilfe. Wie ein Löwe zermalmt er all meine Knochen.
Ich zwitschere wie eine Schwalbe, ich gurre wie eine Taube. Meine Augen blicken ermattet nach oben: Ich bin in Not, Herr. Steh mir bei!
Was kann ich ihm sagen, was soll ich reden, da er es selber getan hat? Es flieht mich der Schlaf; denn meine Seele ist verbittert.
Herr, ich vertraue auf dich; du hast mich geprüft. Mach mich gesund, und lass mich wieder genesen!
Du hast mich aus meiner bitteren Not gerettet, du hast mich vor dem tödlichen Abgrund bewahrt; denn all meine Sünden warfst du hinter deinen Rücken.
Ja, in der Unterwelt dankt man dir nicht, die

Toten loben dich nicht; wer ins Grab gesunken ist, kann nichts mehr von deiner Güte erhoffen.
Nur die Lebenden danken dir, wie ich am heutigen Tag. Von deiner Treue erzählt der Vater den Kindern.
Der Herr war bereit, mir zu helfen; wir wollen singen und spielen im Haus des Herrn, solange wir leben.

Kämpfen

Wer kämpfen will, muss wissen, wofür er kämpft! Kranke hören häufig Appelle an ihren Kampfgeist. Wofür also kämpfen? Um wieder genauso wie vorher zu funktionieren und die Ansprüche anderer reibungslos zu bedienen? Um Familienmitglieder und Freunde vor dem Schmerz des Abschiednehmens zu bewahren? Um die kleinen Kinder noch heranwachsen zu sehen? Und weil sie doch die Mutter oder den Vater noch so dringend brauchen? Oder weil uns im Angesicht des möglichen Todes unser Leben wieder unendlich wertvoll erscheint?

Bitte um Kraft und Begleitung

Gott,
die Menschen, die mich besuchen, haben immer ganz ähnlich klingende Ratschläge für mich: »Gib nicht auf!« – »Kämpfe!« – »Gib dich

nicht auf!« – »Wir wollen dich doch nicht verlieren!« – »Kämpfe, wenn nicht für dich, dann für die Kinder!«
Aber ich, ich kann nicht mehr, mich hat längst meine Kraft verlassen. Schon viel zu lange habe ich gegen meine Krankheit angekämpft, ich will nur noch schlafen und am besten gar nicht mehr aufwachen. Wohin soll es mit mir gehen, mein Gott? Wohin willst du mich nun führen? Ich sehe keinen Weg mehr für mich, bin hin- und hergerissen. Zeige mir meinen Weg, und sei mir darauf Begleiter!

Manchmal hat man den Eindruck, als wäre eine Erkrankung eine Scharte in unserer Erfolgskarriere, die nur dadurch ausgemerzt werden kann, dass wir mit allen Mitteln unserer Erfolgskultur, unter strikter Anwendung des gesamten medizinischen Waffenarsenals, bravourös unsere Krankheit meistern. Gerade dies scheint die Falle zu sein! Wir sind nicht Meister unseres Lebens! Und manchmal besteht der Kampf gerade darin, nach Jahren des Überlebenskampfes zur Hingabe zu gelangen, zum Geschehenlassen, zum Loslassen, zur Lösung.
Immer wieder wird von Spontanheilungen bei aussichtslos erscheinenden Krebserkrankungen berichtet, nachdem man die austherapierten Patienten zum Sterben nach Hause entlassen hatte. »Wäre ich nicht krank geworden, ich hätte mein Leben nicht entdeckt. So glücklich und zufrieden war ich vorher nie!« – das kann man von einzelnen Schwer-

und Schwerstkranken durchaus hören. Offenbar führt die bedingungslose Akzeptanz dessen, dass man ist, wie man ist, insbesondere auch des Mangels an Gesundheit, zu einem übergreifenden Zustand des Heilseins.
Ein irischer Besinnungstext drückt dies besonders deutlich und humorvoll aus:

Aufforderung zum Glücklichsein

Sei glücklich, denn es gibt keinen Grund, traurig zu sein! Bedenke: Das Leben hält immer zwei Möglichkeiten für dich bereit. Nehmen wir an, du erkrankst. Du kannst gesund werden – oder sterben. Wenn du gesund wirst, besteht kein Grund, traurig zu sein. Wenn du stirbst, gibt es immer noch zwei Möglichkeiten: Du kommst in den Himmel oder in die Hölle. Wenn du in den Himmel kommst, besteht kein Grund, traurig zu sein. Kommst du aber in die Hölle, so bist du unentwegt damit beschäftigt, bekannten Menschen die Hände zu schütteln, dass du darüber nicht traurig wirst ...

Leiden

Wer leidet, erfährt ganz unmittelbar, dass der gegenwärtig erlebte Zustand deutlich vom erwünschten abweicht. Leiden zielt also auf Veränderung. Leiden ist das schiere Gegenteil des Heilseins. Leiden sollte kein Dauerzustand sein; es fordert immer auf, sich auf Erlösung hin zu entwickeln. In diesem Sinne bedeutet Erlösung ein Ablösen des Mangelzustandes durch einen Füllezustand. Hierfür gibt es individuell unterschiedliche Wege. Meist wird der aktiv verändernde Weg beschritten, der über Maßnahmen wie Medikamente, Operationen, also mit Handeln, das sich gegen den gegenwärtigen Zustand richtet, das Problem lösen will. Eine andere Möglichkeit ist die innere Aussöhnung mit dem Erlittenen. Auch so entsteht Ganzheit – die Übereinstimmung dessen, was wir uns wünschen und erwarten, mit dem, was wir erhalten, also Heilung und Heil.

Manche Menschen erleben Leiden als Selbstzweck. Oder wie einmal formuliert wurde: »Kranksein ist in unserer Kultur die einzig akzeptierte Form der Meditation.« Wenn Leiden nicht auf einen Heilszustand zielt, sondern sich verselbstständigt und zur Lebensform wird, ist große Vorsicht geboten. Lebensnotwendige Bedürfnisse können oftmals nicht anders erfüllt werden. Hier von »Krankheitsgewinn« zu sprechen, ist lieblos, denn der Betroffene sieht in seinem Umfeld außer seinem Leiden keine andere Möglichkeit, auch nur ein Zipfelchen Zuwendung und Zugehörigkeit zu erhalten. Wie schön, wenn hier ein Mitmensch zu bedingungsloser Liebe fähig ist. Das wäre das Heilmittel!

Bei Ijob, der Hauptperson eines Buches der Bibel, wird das Leiden besonders drastisch formuliert (Ijob 7, 7–21).

Die Not des Lebens

Denk daran, dass mein Leben nur ein Hauch ist. Nie mehr schaut mein Auge Glück.
Kein Auge gewahrt mich, das nach mir sieht, suchen mich deine Augen, dann bin ich nicht mehr da.
Die Wolke schwindet, vergeht, so steigt nie mehr auf, wer zur Unterwelt fuhr.
Nie kehrt er zurück in sein Haus, nie mehr erblickt ihn sein Ort.
So wehre ich nicht meinem Mund, mit bedrängtem Geist will ich reden, mit betrübter Seele will ich klagen.
Bin ich das Meer, der Meeresdrache, dass du gegen mich eine Wache stellst?
Sagte ich: Mein Lager soll mich trösten, mein Bett trage das Leid mit mir!, so quältest du mich mit Träumen, und mit Gesichten jagtest du mich in Angst.
Erwürgt zu werden, zöge ich vor, den Tod diesem Totengerippe.
Ich mag nicht mehr. Ich will nicht ewig leben.
Lass ab von mir; denn nur ein Hauch sind meine Tage.
Was ist der Mensch, dass du groß ihn achtest und deinen Sinn auf ihn richtest, dass du ihn musterst jeden Morgen und jeden Augenblick ihn prüfst?
Wie lange schon schaust du nicht weg von mir, lässt mich nicht los, sodass ich den Speichel schlucke?

Hab ich gefehlt? Was tat ich dir, du Menschenwächter? Warum stellst du mich vor dich als Zielscheibe hin? Bin ich dir denn zur Last geworden?
Warum nimmst du mein Vergehen nicht weg, lässt du meine Schuld nicht nach? Dann könnte ich im Staub mich betten; suchtest du mich, wäre ich nicht mehr da.

Das Ende annehmen

Wie gern verdrängen wir die schlichte Tatsache, dass auch unser Leben nach und nach sich dem Tod zuneigt. Durch unsere Krankheit sind wir plötzlich gezwungen, dieser Realität ins Auge zu sehen. Wir erleben den Widerstreit von Überlebensimpuls und Tod. Wir werden zudem konfrontiert mit dem Widerspruch zwischen den Bedürfnissen, die unserem inneren Entwicklungsstand entsprechen, und den gesellschaftlichen wie den individuellen Auffassungen unserer Mitmenschen. Oft sehen wir uns gezwungen, etwas vorzuspielen – aus Rücksicht auf die Gefühle von Angehörigen. Wir sehen längst schon, dass der Kampf nicht mehr zu gewinnen ist. Längst schon beschäftigen wir uns mit letzten Dingen, versuchen, unsere Hinterlassenschaft zu ordnen. Stück für Stück schwindet unser Kampfgeist. Therapiemaßnahmen bewerten wir zunehmend nicht mehr nach ihrem Überlebenspotenzial, sondern nach ihrem Beitrag für unsere unmittelbare Lebensqualität.

Jeder Mensch scheint eine innere Wahrnehmung dafür zu haben, wann sich sein Leben dem Ende zuneigt. Leider werden in unserem Kulturkreis solche Instinkte eher unterdrückt.
Schwierig wird es, wenn wir diesem Gefühl nicht trauen können oder dürfen. Denn dann führen wir einen aussichtslosen Kampf gegen einen Gegner, der längst nicht mehr unser Feind sein müsste. Zur vollen menschlichen Reife gehört auch das würdevolle Annehmen des eigenen Todes – und diese Reife ist beileibe nicht abhängig von unserem biologischen Alter. Viele todkranke Kinder haben das in vorbildlicher Weise vorgelebt. Psalm 23, das biblische Vertrauensgebet schlechthin, hat die richtigen Worte in dieser Situation.

Ein Psalm Davids

Der Herr ist mein Hirte, nichts wird mir fehlen.
Er lässt mich lagern auf grünen Auen und führt mich zum Ruheplatz am Wasser.
Er stillt mein Verlangen; er leitet mich auf rechten Pfaden, treu seinem Namen.
Muss ich auch wandern in finsterer Schlucht, ich fürchte kein Unheil; denn du bist bei mir, dein Stock und dein Stab geben mir Zuversicht.
Du deckst mir den Tisch vor den Augen meiner Feinde. Du salbst mein Haupt mit Öl, du füllst mir reichlich den Becher.

Lauter Güte und Huld werden mir folgen mein Leben lang, und im Haus des Herrn darf ich wohnen für lange Zeit.

In dieser Situation können auch die folgenden Worte des Schriftstellers Joseph von Eichendorff eine wertvolle Stütze sein.

Was ich wollte ...

Was ich wollte, liegt zerschlagen,
Herr, ich lasse ja das Klagen,
und das Herz ist still.
Nun aber gib auch Kraft, zu tragen,
was ich nicht will!

Das folgende Dankgebet zieht die Summe eines erfüllten Lebens. Es hält Rückschau, nimmt Gutes wie Schlechtes in den Blick und legt das eigene Leben in die Hände des Schöpfers zurück.

Dank für ein gelebtes Leben

Guter Gott,
du führst meinen Lebensweg
dem Ende zu.
Ich möchte dir danken für alles,
was ich erlebt habe,

für die Wohltaten,
die mir viele Menschen geschenkt haben,
für die Zeit und viele hilfreiche Gespräche.

Für alles, Gutes wie Schlechtes,
was mir andere Menschen angetan haben,
danke ich dir!
Auch das hat mein Leben erfüllt.

Danken möchte ich dir
für alle die Talente und Begabungen,
die du auf meinen Weg mir mitgegeben hast.
Du hast mich im Überfluss versorgt,
mir mehr gegeben, als ich nutzen konnte.
Manches habe ich lange nicht verstanden,
auch, dass in meinem Kopf,
in meiner Vorstellung und Fantasie
Grenzen von Raum und Zeit nicht gelten,
dass aber das für das richtige,
das ganz irdische Leben,
das von Raum und Zeit bestimmt ist,
nicht gilt.

Umso mehr freue ich mich,
dass bei dir auch meine Grenzen aufgehoben
werden.

Ich danke dir für alle meine Schmerzen und
Leiden.
Sie haben mich gezwungen,
ganz und gar irdisch wahrzunehmen.
Sie haben mich ins Leben gebunden.

Und für alle meine Sünden und Fehler,
meine Schattenseiten,
meine Unannehmlichkeiten
sei dir Dank.

Leid tut es mir für die Menschen,
denen ich Schmerzen bereitet habe und
immer noch bereite.
Diejenigen,
mit denen ich im Unfrieden geblieben bin,
bitte ich um Verzeihung.

Danken für das Gefühl der Schuld.
Es hat mich davor bewahrt,
mich allzu überheblich
über meine Mitmenschen zu stellen.

Du hast mein Leben
zu einem spannenden Abenteuer gemacht.
Ich hätte mir nie träumen lassen,
mit wem und mit was du mich zusammenführst.

Wie lange habe ich gekämpft!

Zuerst um meinen Platz in der Welt,
dann um den Platz
in den Herzen meiner Mitmenschen.

Erst durch meine Krankheit
lernte ich,
mich zu sehen

und in meinem Herzen
mir selbst ein Plätzchen zu reservieren.

Danke!

Nun bin ich müde.
Reiche mir deine Hand,
und führe mich auch
über die letzte Brücke.

Amen.

»Ich bin in einer Krise«

Unter dem Stichwort der »Krise« sind hier vielfältige Leiden versammelt. Neben gesundheitlichen und seelischen Zuständen sind es oft auch Probleme des Zusammenlebens, die eine solche Krise auslösen. Sie zeigt sich dann auch in Krankheitsbildern. Der Körper beginnt sich gegen Ansprüche, Einflüsse und Abhängigkeiten zu wehren, oftmals unerwartet und mit Symptomen, die schwer zuzuordnen sind. In der Krise ist der Zusammenhang von Körper und Seele offensichtlich. Heilung und Heil sind nur möglich, wenn dies berücksichtigt wird.

Allergien

Eine Allergie ist die teilweise angeborene, teilweise erworbene Abwehrreaktion des Körpers auf bestimmte Stoffe (Allergene). Der Körper eines Allergikers reagiert beispielsweise auf bestimmte Pollen mit Heuschnupfen, auf Hausstaub(milben) mit Asthma oder auf bestimmte Nahrungsmittel mit Hautausschlägen.

Auch Hautkrankheiten wie Nesselsucht und Neurodermitis, Magen-Darm-Störungen und Kopfschmerzen beruhen vielfach auf Allergien. Selbst Medikamente wie das Penicillin können eine allergische Reaktion auslösen.

Allergien sind nicht nur lästig, sie können lebensgefährlich sein. So kann eine Allergie gegen Bie-

nengift zu einem anaphylaktischen Schock (Überempfindlichkeitsschock mit Regulationsstörung des Kreislaufes) führen.
Die Zahl der Allergiker hat seit der zweiten Hälfte des 20. Jahrhunderts stark zugenommen. Man geht davon aus, dass heute mehr als ein Viertel der Europäer von Allergien betroffen ist. Gründe für diese Zunahme gibt es einige: neben anderem die zunehmende Umweltbelastung, die Denaturierung der Lebensmittel und die einseitige (Mangel-)Ernährung, psychische Defizite, aber auch übersteigerte Reinlichkeit. Gerade in Europa werden Kinder vielfach zu hygienisch aufgezogen, sodass der Körper seine Abwehrkräfte nicht ausreichend an Feinden wie zum Beispiel Bakterien und anderen Keimen schulen kann.
Die Behandlung von Allergien besteht vor allem in der Desensibilisierung. Unempfindlich gegen die Reizstoffe wird der Körper, wenn sein Immunsystem Harmloses wie Pollen von bedrohlichen Krankheitserregern unterscheiden lernt.
Bei allergischen Hautkrankheiten, die durch Juckreiz oder Entstellung großen Leidensdruck erzeugen, helfen Visualisierungen des Gesundheitszustandes: Stellen Sie sich bildhaft vor, wie Sie nach der Heilung aussehen, sich nach Abheilung der Symptome fühlen werden. Diese bildhaften Vorstellungen können von Atem- und Meditationsübungen begleitet sein.
Darüber hinaus erlebt man immer wieder eine deutliche Besserung, wenn der Betroffene lernt, mit seinen Aggressionen konkreter und konstruk-

tiver nach außen zu gehen und nicht mehr alles einfach in sich »hineinzufressen«.
Sieht man in der Allergie nicht nur eine körperliche Reaktion, sondern auch eine seelische Erkrankung, da Allergien typischerweise in starken Stresssituationen ausbrechen bzw. sich verschlimmern, ist ein anderer Zugang zu dieser Krankheit möglich. Dann stellt sich angesichts einer heftigen Abwehrreaktion des Körpers die tiefgreifende Frage, wogegen man sich eigentlich zu wehren hat.
Das folgende Gebet ist auf einen Kranken mit einem sichtbaren und stark juckenden Ekzem hin formuliert.

Bitte um Gelassenheit

Herr,
warum muss ich so sehr leiden! Ich will mich wegen meines Ausschlags nicht mehr im Spiegel ansehen, will gar nicht mehr aus dem Haus gehen. Wem ich begegne, der sieht mich mitleidig oder entsetzt an. Am schlimmsten ist es, wenn Kinder rufen: »Wie sieht denn der aus?«
Ich schäme mich und will im Erdboden versinken.
Und dann die unerträglichen Schmerzen. Ich halte den Juckreiz nicht mehr aus, immer wieder will ich mich kratzen, aber dadurch wird alles nur noch schlimmer.
Warum muss ich mich so sehr wehren?

Wogegen muss ich so gewaltig und zerstörerisch ankämpfen?

Herr,
lass mich Ruhe finden, Frieden und Ausgeglichenheit!
Lass mich meine Krankheit mit Gleichmut und Geduld tragen, und steh mir bei!
Ich hoffe auf dich, Herr!
Hilf mir in meiner Not!
Ich will alles tun, was ich tun kann, um eine Heilung zu ermöglichen.
Schenke du mir das Vertrauen, dass sich alles zum Guten wendet!
Aber wenn du anderes mit mir vorhast, dann schenke mir Gelassenheit! Ich will das, was du mir zur Aufgabe gibst, mit Gleichmut tragen.
Wenn du es willst, werde ich versuchen, weiter mit meiner Beeinträchtigung zu leben.
Und ich will sie annehmen, als eine Wendung zum Guten.
Schenke du mir das Vertrauen, dass sich alles zum Guten wendet!

Der letzte Satz des Gebets kann gleichsam als Stoßseufzer bei jeder Gelegenheit gebetet werden. Wenn das Gefühl des Verlustes der Gesundheit oder eines normalen, gewohnten Lebens Sie besonders beschäftigt und drängt, dann kann Ihnen unter Umständen die Ergebenheit Ijobs in die Allmacht und Barmherzigkeit Gottes eine Hilfe sein (Ijob 1, 21).

Der Stoßseufzer des Ijob

Der Herr hat gegeben, der Herr hat genommen; gelobt sei der Name des Herrn.

Das Alte Testament erzählt im zweiten Kapitel des Buches Ijob, dass Ijob vom Satan mit einem bösartigen Geschwür von der Fußsohle bis zum Scheitel geschlagen wurde.
In diesem Zustand setzte sich Ijob in den Staub und schabte sich mit einer Scherbe. Seine Frau konnte das nicht mit ansehen und forderte seinen Glauben an Gott heraus (Ijob 2, 9–10).

Der Glaube des Ijob

Hältst du immer noch fest an deiner Frömmigkeit? Lästere Gott, und stirb!
Er aber sprach zu ihr: Wie eine Törin redet, so redest du. Nehmen wir das Gute an von Gott, sollen wir dann nicht auch das Böse annehmen?

Altern

Angesichts des gegenwärtigen Jugendlichkeitswahns ist es kaum zu glauben: Altern ist keine Krankheit! Und dennoch: Gerade dieser Jugendlichkeitswahn, der gesellschaftlich, zumindest aber durch die Unterhaltungsmedien verordnet zu sein scheint, macht das Altern zu einem wesentlichen Problem.

Wenn man aufgrund des Alters nicht mehr so kann wie früher, ist ohnehin schon alles zu spät. Es beginnt aber bereits viel früher – etwa wenn man mit Mitte vierzig im Beruf zum sprichwörtlichen »alten Eisen« gerechnet wird und mit fünfzig seinen Job verliert, vielleicht für immer. Wo früher das Alter für seine Weisheit hoch geachtet wurde, mähen heute viele Unternehmen über die jungen Alten hinweg und stellen diese Menschen aufs Abstellgleis – »Nicht mehr zu gebrauchen«.

Dass sich ein solches Vorgehen rächt, beginnt man gerade erst wieder zu lernen, der (unternehmerische) Schaden war wohl doch zu hoch.

Kein Wunder, dass das Gefühl zu altern älteren Menschen Angst zu machen beginnt! Ein flexibler, risikobereiter Endzwanziger kann im Handumdrehen drei ältere Arbeitnehmer abservieren. Angst ist auch die Krankheit, die heute das Älterwerden begleitet. Es ist die Angst, ausgebootet zu werden, zu nichts mehr nütze zu sein, und dies weit vor dem Zeitpunkt, zu dem man sich abgearbeitet oder gar unbrauchbar fühlt.

Gesellschaftliche Realitäten kann man als Einzelner natürlich nicht ändern. Man kann letztlich nur auf die Einsicht hoffen, dass bestimmte aktuelle Tendenzen korrigiert werden, weil die Erfahrung zeigt, dass neue Besen zwar gut kehren, sich aber auch abnutzen und dann nicht mehr besser sind als die alten.

Für die, die als »altes Eisen« ausgemustert werden, bleibt nicht viel mehr, als das zu ertragen, was ihnen angetan wird. Mitunter ist ihnen vielleicht ein mutiges »Trotzdem«, mit dem sie gegen den Strom anschwimmen können, vergönnt.
Wo die Pensionsgrenze den Schlussstrich unter das Berufsleben zieht, ist diese Möglichkeit kaum mehr realistisch. Da heißt es, sich nach anderen Betätigungsfeldern umzusehen, da heißt es, sich mit dem eigenen Altern abzufinden und zu versöhnen und in eine neue Lebensphase einzutreten.
An dieser Stelle soll nun ausnahmsweise kein Gebet stehen, sondern ein Gedicht. Hermann Hesse hat es 1941 geschrieben.

Stufen

Wie jede Blüte welkt und jede Jugend
Dem Alter weicht, blüht jede Lebensstufe,
Blüht jede Weisheit auch und jede Tugend
Zu ihrer Zeit und darf nicht ewig dauern.
Es muß das Herz bei jedem Lebensrufe
Bereit zum Abschied sein und Neubeginne,
Um sich in Tapferkeit und ohne Trauern
In andre, neue Bindungen zu geben.
Und jedem Anfang wohnt ein Zauber inne,
Der uns beschützt und der uns hilft zu leben.

Wir sollen heiter Raum um Raum durchschreiten,

An keinem wie an einer Heimat hängen,
Der Weltgeist will nicht fesseln uns und engen,
Er will uns Stuf' um Stufe heben, weiten.

Kaum sind wir heimisch einem Lebenskreise
Und traulich eingewohnt, so droht Erschlaffen,
Nur wer bereit zu Aufbruch ist und Reise,
Mag lähmender Gewöhnung sich entraffen.
Es wird vielleicht auch noch die Todesstunde
Uns neuen Räumen jung entgegensenden,
Des Lebens Ruf an uns wird niemals enden ...
Wohlan denn, Herz, nimm Abschied und gesunde!

Auch in der Bibel lässt sich Tröstliches, Hoffnungsvolles und Zukunftsweisendes für das Alter finden. Die biblischen Geschichten von der Urzeit berichten, dass Adam und seine Nachkommen ein unvorstellbar hohes Lebensalter von mehreren hundert Jahren erreicht haben sollen, allen voran der sprichwörtliche Methusalem mit seinen 969 Jahren.
Alter ist ein Zeichen göttlichen Segens, und deshalb tut man gut daran, alten Menschen mit Ehrerbietung zu begegnen, zumal auch das Elterngebot solches verlangt. Biblisch bedeutet erfülltes Leben, dass man lebenssatt und reich an Jahren sterben kann.
Nur wenigen Menschen ist dies im Alten Testament vergönnt, Abraham zum Beispiel, Gideon und David. Dabei wurde etwa David nach biblischer Über-

lieferung nicht älter als siebzig Jahre. Hoffnung auf hohes Alter geht aber weiter: Wenn Gott einen neuen Himmel und eine neue Erde erschafft, dann gehen dort die Lebensuhren anders, wie Jesaja in seinen Prophezeiungen ankündigt (Jes 65, 20).

Das endzeitliche Heil

Dort gibt es keinen Säugling mehr, der nur wenige Tage lebt, und keinen Greis, der nicht das volle Alter erreicht;
wer als Hundertjähriger stirbt, gilt noch als jung, und wer nicht hundert Jahre alt wird, gilt als verflucht.

Arbeitslosigkeit

Auch wenn man als Arbeitsloser derzeit in Deutschland mehrere Millionen Schicksalsgenossen hat: Arbeitslos zu sein ist alles andere als einfach. Arbeitslosigkeit ist eine Lebensaufgabe, die jeder Betroffene für sich bewältigen muss. Es beginnt schon mit dem Schlangestehen am Montagmorgen im Arbeitsamt. Man fühlt sich entwürdigt, dabei durchlebt man ohnehin schon eine Schwächephase. Nach der Kündigung eines Arbeitsverhältnisses oder mit dem Auslaufen eines Zeitvertrages wird man arbeitslos und kommt damit in eine Situation, in der man sich abgelehnt, gescheitert, minderwertig fühlt.

Sucht und Depression sind vielfache Folgen von Arbeitslosigkeit, und wer keine Arbeit hat, muss mit Vorurteilen fertig werden: »Jeder, der arbeiten will, findet auch eine Stelle.« – »Arbeitslose liegen dem Staat auf der Tasche.«

Kein Wunder, dass Arbeitslosigkeit krank machen kann! Arbeitslosigkeit ist deshalb zwar kein Krankheitsbild, aber sie führt oft, wie zahlreiche Untersuchungen belegen, zu psychischen Krankheiten, endet in Depressionen und Süchten.

Die jüngste Gesetzgebung lässt die Angst steigen, weil sie den Absturz zum Sozialfall verkürzt – und das nach zehn, zwanzig, dreißig Jahren Berufstätigkeit. Wohl dem, der ein Haus sein Eigen nennt und über Ersparnisse verfügt. Die anderen müssen mit wenigen hundert Euro im Monat auskommen.

»Mit Begeisterung zum Erfolg!« – »Man braucht den Glauben zum Erfolg« und ähnliche Slogans, die eine moderne Pseudo-Therapie als Erbe des amerikanischen Traums vom positiven Denken verkauft, erweisen sich als trügerischer Schall und Rauch.

Wenn man etwas aus seiner Erfahrung, arbeitslos zu sein, lernt, dann ist das nicht das, was uns die Apostel des wirtschaftlichen Erfolgs vorbeten. Ein Arbeitsloser lernt, dass es schwer ist, nicht in einen Arbeitsprozess eingebunden zu sein, in einen Trott. Aber vielleicht gewinnt er dadurch die Einsicht, dass Erwerbsarbeit bei weitem nicht die einzige wertvolle Arbeit ist. Schon an der Arbeit, die Hausfrauen und Mütter leisten – oder Menschen, die ihre kranken Angehörigen pflegen – lässt sich er-

kennen, dass unsere Gesellschaft dringend auf Menschen angewiesen ist, die nicht im Erwerbsleben stehen. Daraus kann der Einzelne möglicherweise neue Lebensperspektiven entwickeln.
Vielleicht kann ein Arbeitsloser auch lernen, dass es trotz des Arbeitsplatzverlustes Dinge im Leben gibt, die ihn halten: die Familie, Freunde, Menschen, auch der Glaube, auch Gott.
Und vielleicht lernt ein Arbeitsloser auch, dass es besser ist, in Zukunft nicht mehr als Workaholic seine Tage zu vergeuden, sondern das Leben jenseits und neben der Arbeit zu suchen.
Aber vielleicht hält ihn ja überhaupt nichts. Was dann? Was, wenn die Familie auseinander bricht, die Freunde sich abwenden, hilfreiche Menschen fehlen? Was, wenn auch der Glaube schließlich nicht mehr trägt, Gott scheinbar abwesend ist? Bleibt da dann nichts anderes mehr als das Leid, nichts anderes mehr als das Kreuz?
Wenn der christliche Glaube vor allem in einem Punkt Hoffnung macht, dann ist es der, dass Scheitern in der Welt nicht das letzte Wort bei Gott ist. Wenn Jesus in dieser Welt gescheitert ist, wenn der Sohn Gottes den schmählichen Tod am Kreuz gestorben ist, dann ist das ein Zeichen auch für heute: Christus wäre heute wohl kaum ein allseits verehrter Guru in der Psychoszene, er wäre auch kein erfolgreicher Manager oder Vorstandsvorsitzender, schon gar nicht in der Kirche. Vielleicht wäre er – wie ernüchternd – ein Arbeitsloser oder gar eine arme, unvermittelbare, weil nicht gut ausgebildete Hausfrau, die jeder belächelt und ausbeutet. Viel-

leicht wäre er ein Mensch, der in dieser Welt scheitert, einer, der daran leidet, dass er scheitert – wie Jesus im Garten Getsemani –, der aber am Ende trotzdem Ja sagt zu dieser seiner Existenz, wie es das Markus-Evangelium schildert (Mk 14, 36).

Jesu Gebet im Garten Getsemani

Abba, Vater, alles ist dir möglich. Nimm diesen Kelch von mir! Aber nicht, was ich will, sondern was du willst (soll geschehen).

Bluthochdruck

Bluthochdruck ist längst eine Volkskrankheit. Fast die Hälfte aller Deutschen über fünfzig Jahre hat erhöhten Blutdruck. Auch wenn der Bluthochdruck für sich betrachtet und in einem bestimmten Rahmen kaum Beschwerden verursacht, so bildet er doch ein ernst zu nehmendes Risiko, denn er kann zu Gefäßerkrankungen (zum Beispiel Arterienverkalkung) und zu Organschwäche (vor allem bei Nieren und Herz) führen.

Anfälligkeit gegenüber Bluthochdruck kann vererbt sein, sie erhöht sich aber auch bei Übergewicht, Bewegungsmangel, stark salzhaltiger Ernährung und Stress. Auch anderweitige Erkrankungen können zu Bluthochdruck führen.

Da Bluthochdruck kaum Beschwerden verursacht, ist er nur schwer zu erkennen. Manchmal ist es

Kopfschmerz oder Nervosität, manchmal sind es Schwindelgefühle, die darauf hinweisen. Wenn es zu einer extremen und sehr gefährlichen Erhöhung des Blutdrucks kommt – man spricht in der Medizin dann von einer hypertensiven Krise –, werden die Symptome deutlicher: Übelkeit, Taubheitsgefühle, auch Atemnot kommen hinzu. In diesem Notfall ist unbedingt ein Arzt zu konsultieren.
Die Behandlung von Bluthochdruck erfolgt in der Regel medikamentös, unter anderem mit den so genannten Beta-Blockern, die den Herzschlag verlangsamen. Doch ein Patient kann selbst einiges zur Verbesserung seines Blutdrucks beitragen, durch gesunde Ernährung, durch genügend Bewegung und geringeren Stress.
Stellen Sie sich folgende Situation vor: Vielleicht ist der Autofahrer, der vor Ihnen auf der linken Spur fährt und Sie nicht vorbeilässt, in der gleichen Situation wie Sie. Sie geraten unter Stress, wenn Sie denken: »Der will mich ärgern! Der verhält sich wie ein verhinderter Verkehrspolizist und will mich erziehen.«
Versuchen Sie es einmal so: Der Fahrer vor Ihnen denkt gerade darüber nach, wie er angesichts des bei ihm diagnostizierten Bluthochdrucks sein Leben verändern kann und nimmt Sie gar nicht wahr. Er fährt ganz ruhig vor sich hin, immer auf derselben Spur, weil das für ihn am einfachsten und damit stressfrei ist.
Entspannung tut allemal gut! Mit Entspannungstechniken, aber auch Gebeten können Sie bei Bluthochdruck Ihren Beitrag zur Linderung leisten.

Bitte um Gelassenheit

Herr, mein Gott,
ich drehe zu hoch und setze mich zu stark unter Druck, schon lange, jetzt habe ich die Quittung dafür bekommen: Die Diagnose lautet Bluthochdruck.
Ich habe Angst! Bekomme ich bald meinen ersten Herzinfarkt?
Ich weiß, dass ich das zumindest ein Stück weit verhindern kann, wenn ich in meinem Leben etwas verändere.

Herr, mein Gott,
hilf mir dabei! Ich will gelassener mit den Dingen umgehen, die mir begegnen.
Schenke mir Ausgeglichenheit, das seelische Gleichgewicht, dass ich nicht auf die kleinste Störung mit großem Ausbruch reagiere!
Vielleicht wittere ich hinter vielem, was mir passiert, viel zu oft eine böse Absicht von anderen! Gib mir Kreativität, dass ich andere Möglichkeiten finde, solchen Situationen zu begegnen! Schenke mir Ruhe, schenke mir Gelassenheit!

Chemotherapie

Die Chemotherapie wird bei Krebs zur Hemmung von Tumorzellen angewendet. Die Behandlung besteht in der Gabe von chemischen Arzneimitteln mit hemmender und abtötender Wirkung. Trotz verbesserter Wirkstoffe und feinerer Dosierung ist sie nach wie vor eine regelrechte Tortur für die Betroffenen. Gottes Zuspruch an das nach Babylon verschleppte Israel in Jes 43, 1–3 kann während der Behandlung Balsam für die Seele sein.

Der Schutz des allmächtigen Gottes

So spricht der Herr, der dich geschaffen und geformt hat:
Fürchte dich nicht, denn ich habe dich ausgelöst, ich habe dich beim Namen gerufen, du gehörst mir.
Wenn du durchs Wasser schreitest, bin ich bei dir, wenn durch Ströme, dann reißen sie dich nicht fort. Wenn du durchs Feuer gehst, wirst du nicht versengt, keine Flamme wird dich verbrennen.
Denn ich, der Herr, bin dein Gott, ich, der Heilige, bin dein Retter.

Depression

Depression ist eine ernsthafte und weit verbreitete Erkrankung. Das ist heute allgemein anerkannt. Die Hilflosigkeit und Ratlosigkeit, die in der Vergangenheit depressiven Menschen entgegengebracht wurde, ist überwunden. Auch rein negative Beurteilungen der Krankheit sind heute ad acta gelegt. Depressionen sind nicht nur zerstörerisch, sondern können als lebensschützende Reaktionen verstanden werden, wenn sie eine übermäßige und unzeitige Aktivität ausbremsen und auf diese Weise, gleichsam mit unbeugsamer innerer Führung, eine Lebenswende herbeiführen.

Wie stark Depressionen dem Kranken zusetzen, zeigen neuere Forschungen. So kann eine Depression die Abwehrkräfte des Körpers vermindern und das Immunsystem entscheidend schwächen.

Eine Depression kann unterschiedliche Ursachen haben. Das eine Mal geht sie mit dem Burn-out-Syndrom einher, das andere Mal lösen hormonale Veränderungen die Krankheit aus. Vielfach sind es auch Schicksalsschläge, die ein Mensch durch eine Depression verarbeitet.

Die Dauer der Depression reicht von der kurzfristigen depressiven Reaktion bis zur chronischen Depression. Dabei fühlt sich der Kranke durch die Depression zu einer lebensverneinenden Haltung gezwungen. Nichts bereitet ihm Freude, nichts lässt ihn lachen.

Ein depressiver Mensch sollte sich folgende wichtige Fragen stellen: Wie finde ich aus dem Teufelskreis von Depression und Lebensverneinung? Kann ich mir überhaupt vorstellen, ein glückliches, freudiges Leben zu führen? Ein depressiver Mensch fühlt sich vielfach wie taub, erlebt ein Gefühl der Gefühllosigkeit. Sein Verhalten ist von Antriebslosigkeit geprägt. Deshalb ist es ihm nur selten möglich, längere Gebete mit innerer Beteiligung zu sprechen. Hier bieten sich kurze Stoßgebete an.

Das Wesentliche

Herr, schenke mir Worte!
Herr, schenke mir Visionen!
Herr, schenke mir Hoffnung!

Darüber hinaus mag der Kranke zu biblischen Gebeten greifen. Vertrauenspsalmen wie Psalm 23 haben eine lindernde Wirkung. Psalm 25 kann in den Versen 15–22 fast ohne Schwierigkeiten auf die Situation eines Depressiven übertragen werden.

Bitte um Vergebung

Meine Augen schauen stets auf den Herrn; denn er befreit meine Füße aus dem Netz.
Wende dich mir zu und sei mir gnädig; denn ich bin einsam und gebeugt.
Befrei mein Herz von der Angst, führe mich heraus aus der Bedrängnis!
Sieh meine Not und Plage an, und vergib mir all meine Sünden!
Sieh doch, wie zahlreich meine Feinde sind, mit welch tödlichem Hass sie mich hassen!
Erhalte mein Leben und rette mich, lass mich nicht scheitern!
Denn ich nehme zu dir meine Zuflucht.
Unschuld und Redlichkeit mögen mich schützen, denn ich hoffe auf dich, o Herr.
O Gott, erlöse mich aus all meinen Nöten!

Im Ausblick auf eine Verbesserung seiner Situation mag Psalm 30 für den Kranken ein Hoffnungsschimmer sein.
Eines aber muss klar sein: Alle Heilgebete ersetzen bei schweren und lang anhaltenden Depressionen nie den Gang zum Arzt. Medizinische Hilfe ist in solchen Fällen unabdingbar.

Dank für die Rettung aus großer Not

Ich will dich rühmen, Herr, denn du hast mich aus der Tiefe gezogen und lässt meine Feinde nicht über mich triumphieren.
Herr, mein Gott, ich habe zu dir geschrien, und du hast mich geheilt.
Herr, du hast mich herausgeholt aus dem Reich des Todes, aus der Schar der Todgeweihten mich zum Leben gerufen.
Singt und spielt dem Herrn, ihr seine Frommen, preist seinen heiligen Namen!
Denn sein Zorn dauert nur einen Augenblick, doch seine Güte ein Leben lang. Wenn man am Abend auch weint, am Morgen herrscht wieder Jubel.
Im sicheren Glück dachte ich einst: Ich werde niemals wanken.
Herr, in deiner Güte stelltest du mich auf den schützenden Berg. Doch dann hast du dein Gesicht verborgen. Da bin ich erschrocken.
Zu dir, Herr, rief ich um Hilfe, ich flehte meinen Herrn um Gnade an.

(Ich sagte:) Was nützt dir mein Blut, wenn ich begraben bin? Kann der Staub dich preisen, deine Treue verkünden?
Höre mich, Herr, sei mir gnädig! Herr, sei du mein Helfer!
Da hast du mein Klagen in Tanzen verwandelt, hast mir das Trauergewand ausgezogen und mich mit Freude umgürtet.
Darum singt dir mein Herz und will nicht verstummen. Herr, mein Gott, ich will dir danken in Ewigkeit.

Diabetes mellitus

Diabetes mellitus, im Volksmund Zuckerkrankheit genannt, ist eine Erkrankung der Bauchspeicheldrüse, bei der der Blutzuckerspiegel stark ansteigt. Die Bauchspeicheldrüse ist nicht mehr fähig, genügend Insulin bereitzustellen, dadurch können die Körperzellen den Blutzucker nicht mehr abbauen, und es kommt zu einer Zuckervergiftung. Die heutige Schulmedizin kann die Krankheit, die vor allem als Altersdiabetes weit verbreitet ist, gut unter Kontrolle bekommen, jedoch nur dann, wenn der Erkrankte sich den Anweisungen entsprechend verhält. Genau hier liegt jedoch das Problem. Die chronische Erkrankung, der Insulinmangel, der durch Tabletten oder Spritzen ausgeglichen werden muss, hat etwas Zermürbendes. Die Zuckerkrankheit kann ein heftiges Bedürfnis nach Süßem, einen regelrechten Heißhunger, auslösen, der den

Diabetiker nachhaltig schädigen kann. Hinzu kommen die Nachlässigkeiten bei der Einhaltung des Diätplanes. Erhöhter Konsum von Zucker und Kohlenhydraten (Broteinheiten) aber führt zu teilweise gefährlichen Folgeerkrankungen. Schließlich stellen auch Unregelmäßigkeiten bei den Essenszeiten eine Gefahr dar: Durch die Gabe von Insulin kann es zu Unterzucker kommen.

Vom Verzicht zum Geschenk

Gott,
ich habe Zucker und komme damit überhaupt nicht zurecht.
Ich muss auf so vieles verzichten, was in meinem Leben bisher ganz selbstverständlich war, meine Lebensqualität erhöhte, ohne dass ich es als solches zu schätzen wusste.
Dazu kommt die Disziplin beim Essen, die mir schwer fällt.
Der Diätplan fordert von mir, dass ich mich ständig mit Essen beschäftige, aber mich gleichzeitig dabei beschränken muss.
Es zermürbt mich.
Wie oft überkommt es mich, und dann esse ich unkontrolliert, obwohl ich weiß, dass es mir schadet!

Gott,
steh mir bei! Hilf mir, das zu tun, was mir gut tut!

Lenke meinen Blick weg von dem, was ich entbehre, hin auf das, was mir geschenkt wird!
Und gib mir die Kraft und Ausdauer, mich so zu ernähren, dass ich mich nicht schädige!
Ich danke dir, Gott, für alles, was du mir schenkst. Lass mich dankbar damit umgehen!

Eifersucht

Ein bekanntes Sprichwort bringt es auf den Punkt: »Eifersucht ist eine Leidenschaft, die mit Eifer sucht, was Leiden schafft.« So wird Eifersucht auch lediglich negativ gesehen, selbst in der Psychologie, die sie für nicht vernünftig und als Ausdruck mangelnden Selbstwertgefühls bzw. Selbstbewusstseins definiert.
Doch so negativ der Begriff »Eifersucht« auch besetzt ist, das dahinter stehende Bedürfnis hat durchaus etwas Positives. Wenn eine andere Person in eine Paarbeziehung einzubrechen droht, macht Eifersucht die Bedrohung deutlich, die dieses Ereignis für die Beziehung bedeutet. In diesem Sinne versucht Eifersucht den Raum der Beziehung, die Beziehung selbst zu schützen. Eifersucht sagt dem Partner: Vorsicht! Du bist gerade dabei, unsere Beziehung zu gefährden. – Kann ein Dritter in eine Paarbeziehung einbrechen, stimmt meist etwas in der Beziehung nicht.
Mit aufkommender Eifersucht sollte man deshalb positiv umgehen und sie zum Anlass nehmen, sich gemeinsam Gedanken über die Beziehung zu ma-

chen: Was müssen wir ändern, damit sie wieder für beide Partner beglückend ist?
Die Form, in der sich Eifersucht ausdrückt, und die eher geringe Intensität der Emotion sind für ihre positive Funktion entscheidend. Sobald Eifersucht in der Kommunikation destruktiv wird, sobald sie blind zu wüten beginnt, sind die Grenzen gesunder Eifersucht überschritten.
Krankhafte Eifersucht zeigt sich in einem beständigen Misstrauen gegenüber dem Partner und teilweise unkontrollierten Gefühlsäußerungen. In diesem Fall hilft Eifersucht nicht, sondern trägt möglicherweise im Gegenteil dazu bei, dass die aktuell gefährdete Beziehung dann auch zerbricht. Vor allem wenn Eifersucht mit einem hohen Maß an Aggression bis hin zu Handgreiflichkeiten einhergeht, sollte sich der Partner wirkungsvoll, vor allem durch zumindest vorübergehende Trennung, schützen, der Betroffene sich aber in therapeutische Behandlung begeben.
Das folgende Heilgebet versucht, die oftmals unterschätzten, aber wirkmächtigen positiven Aspekte der Eifersucht zu bündeln.

Ich will weiter lieben

Herr,
ich habe Angst. In meine Paarbeziehung ist eine andere Person eingedrungen, und mein Partner scheint mir nun hin- und hergerissen zu sein.

Ich habe Angst. Ich will ihn nicht verlieren und weiß nicht, was ich tun kann. Ich bin so hilflos.

Herr,
schenke mir Selbstvertrauen und Gelassenheit, dass ich diese Phase unserer Beziehung gut bewältigen kann.

Herr,
schenke mir im Gespräch Offenheit für ihn, lass aber auch mich offen sein und mich meine Gefühle ihm gegenüber aussprechen.

Herr,
ich danke dir dafür, dass ich den Weg mit meinem Partner bis heute gehen konnte. Ich bin dankbar, dass ich ihm begegnet bin, dankbar für unsere gegenseitige Liebe. Ich will weiter lieben! Zeige mir einen Weg, und behüte uns beide!

Kopfschmerzen

Kopfschmerzen und Migräne gehören zu den häufigsten Krankheitserscheinungen der Gegenwart. Hier hinterlässt unsere Lebensweise ihre Spuren. Kopfschmerzen können vielfältige Ursachen haben und bedürfen wie alle Krankheitssymptome zuerst ärztlicher Abklärung, um zum Beispiel eine Tumorerkrankung oder Organversagen auszuschließen. Kopfschmerzen weisen immer auf Überlastungen

hin, die sowohl psychischer als auch physischer Natur sein können. Einseitige körperliche Belastungen (Bildschirmarbeit, mangelnde Bewegung) führen über Verspannungen der Muskulatur, Verschiebungen der kleinen Zwischenwirbelgelenke zu Nervenirritationen, die Kopfschmerzen auslösen können. Ähnlich wirken seelische Auslöser.
Nicht vergessen werden darf, dass Kopfschmerz auch ein Vergiftungssymptom im weitesten Sinne darstellt. Typisch dafür ist der Kater nach durchzechter Nacht, aber auch Medikamente und andere Stoffe überlasten häufig unsere Ausscheidungsorgane. Dadurch kann der Körper nicht schnell genug entgiftet werden. Die Folge: Giftstoffe in der Blutbahn »schlagen uns auf den Kopf«.
Besonders drastisch kann sich der Migräne-Kopfschmerz für die Betroffenen darstellen. Ohne den genauen Auslösemechanismus bislang zu kennen, werden vielfältige Ursachen diskutiert – von einer Lebensmittelunverträglichkeit bis hin zu psychischer Überempfindlichkeit. Belegt ist bisher lediglich eine schwankende Blutversorgung des Gehirns durch Veränderung des Gefäßtonus. Je nach Ausprägung entstehen neurologische Ausfälle (Aura, Sehstörungen, Reaktionsverzögerungen und anderes) bereits vor der Schmerzentwicklung. Im Anfall führt jedweder Reiz (Sehen, Hören, Riechen, Bewegen) zur sofortigen Verschlimmerung des Zustandes. Ein Migränekranker kann bis zur Bewusstlosigkeit handlungsunfähig werden. Dazu kommen Verdauungsstörungen und Übelkeit.
Ein Kopfschmerz-Patient kann im Extremfall kei-

nen klaren Gedanken fassen, ist reduziert auf reines Sein.
Kopfschmerzen sind selten Einzelereignisse, sie treten vielmehr wiederholt auf. Es macht den Eindruck, als seien Kopfschmerzen eine Art Überdruckventil, um dem Organismus eine Pause zu verschaffen. Migräne-Patienten sind häufig extrem leistungswillig und keineswegs Drückeberger, wie insbesondere Frauen lange Zeit unterstellt wurde. Kopfschmerzen brauchen in aller Regel Entspannung und Ruhe. Das Thema heißt: Loslassen – und das mit aller Entschlossenheit. Entsprechend kann ein Heilgebet bei Kopfschmerzen bewusstes, gelassenes inneres Schweigen sein. Ebenfalls hilfreich ist es, alle Kümmernisse, Aufgaben, Erfolgszwänge in die Obhut Gottes zu geben.

Verantwortung abgeben

Ich kann nicht mehr, tu du für mich!
Sorge du, wo ich nicht kann!
Ich habe mir zu viel zugemutet,
lass mir Hilfe zukommen!
Nimm von mir, was mir zu schaffen macht,
kläre meine Gedanken,
gib mir Kraft, mein Leben zu ordnen!

Verzeih, dass ich mich schlecht behandelt habe!
Lass mich lernen, gut zu mir zu sein!
Verzeih, dass ich zuließ,

dass andere mich schlecht behandeln!
Gib mir Kraft, mir einen guten Platz zu schaffen!

Magersucht

Magersucht bezeichnet eine Krankheit, in der Fettschwund mit Untergewicht einhergeht. Diese Erkrankung hat sehr vielgestaltige Ursachen, unter anderem führen Essstörungen dazu, aber auch Fasten, die Bulimia nervosa (Ess-Brechsucht) sowie die psychosomatische Fettsucht.

Magersucht kann also einerseits von Appetitlosigkeit ausgelöst werden, zum Beispiel bei der Pubertätsmagersucht, die vor allem Mädchen betrifft und offenbar vor allem durch Angst vor Übergewicht ausgelöst wird. Das Essverhalten ist gestört, weil die Betroffene eine unrealistische Vorstellung von einem idealen Körper entwickelt hat. Meist ist die Wahrnehmung ihres Körperschemas gestört, und die Betroffene ist deshalb nicht in der Lage, ihre Erkrankung als solche zu erkennen. So wird die Krankheit geleugnet. Die extreme Gewichtsabnahme, die darauf folgt, kann lebensgefährliche Züge annehmen.

Andererseits kann die Magersucht auch durch die so genannte Ess-Brechsucht ausgelöst werden. Der bzw. meistens die Erkrankte erlebt regelrechte Fressattacken und versucht diese »wieder gut zu machen«, indem sie mutwillig ein Erbrechen des zu sich Genommenen herbeiführt.

Magersucht ist eine ernste Erkrankung, die die Konsultation eines Arztes unumgänglich macht. Geheilt oder zumindest gelindert wird die Erkrankung durch Psychotherapie, vor allem Verhaltens- und Familientherapie.

Da ein magersüchtiger Mensch seine Erkrankung nicht wahrhaben kann, ist vor allem das familiäre Umfeld gefordert. Eltern sollten eine sensible Wahrnehmung für ihre Kinder, vor allem für ihre Töchter, entwickeln, wenn sie häufiger nichts essen wollen und abzumagern beginnen.

Vielfach können Sie schon vorbeugend tätig werden. Denn Magersucht hängt vor allem bei Pubertierenden häufig damit zusammen, dass sich die Betroffenen nicht schön, attraktiv, geliebt fühlen. Aus einem »Pummelchen«, das vielleicht sogar liebevoll als solches bezeichnet wird, kann bei fehlendem Feingefühl ein bis auf die Knochen abgemagertes »Handtuch« werden. Und ein saloppes »Du hast aber ganz schön zugelegt« kann verheerende Auswirkungen haben.

Das Schönheitsideal, das heute in den Medien transportiert wird, ist sehr eng gefasst, gleichsam auf Model-Maße reduziert. Aber nicht jeder ist die körperliche Möglichkeit dazu gegeben, es gibt auch robustere und fülligere Typen. Nur wenn eine Pubertierende weiß, dass sie nicht einem abgehobenen und letztlich unmenschlichen Schönheitsideal entsprechen muss, wird sie auch Ja sagen können zu ihrem Körper.

Dass Schönheit nicht auf die heute gängigen Idealmaße zu reduzieren ist, weiß schon das Hohelied

des Salomo (Hld 1, 5–17). Ein Zwiegespräch mit dem Geliebten beginnt die Geliebte damit, dass sie sich als schön bezeichnet, obwohl sie sonnengebräunt ist (was damals verpönt war).
Wer ein solches Selbstbewusstsein hat, der ist schon ziemlich weit, wenn er an Magersucht leidet.

Die eigene Schönheit spüren

Braun bin ich, doch schön, ihr Töchter Jerusalems, wie die Zelte von Kedar, wie Salomos Decken.
Schaut mich nicht so an, weil ich gebräunt bin. Die Sonne hat mich verbrannt. Meiner Mutter Söhne waren mir böse, ließen mich Weinberge hüten; den eigenen Weinberg konnte ich nicht hüten.
Du, den meine Seele liebt, sag mir: Wo weidest du die Herde? Wo lagerst du am Mittag? Wozu soll ich erst umherirren bei den Herden deiner Gefährten?
Wenn du das nicht weißt, du schönste der Frauen, dann folge den Spuren der Schafe, dann weide deine Zicklein dort, wo die Hirten lagern.
Mit der Stute an Pharaos Wagen vergleiche ich dich, meine Freundin.
Schön sind deine Wangen zwischen den Kettchen, dein Hals in der Perlenschnur.
Machen wir dir noch goldene Kettchen, kleine Silberkugeln daran.

Solange der König an der Tafel liegt, gibt meine Narde ihren Duft.
Mein Geliebter ruht wie ein Beutel mit Myrrhe an meiner Brust.
Eine Hennablüte ist mein Geliebter mir aus den Weinbergen von En-Gedi.
Schön bist du, meine Freundin, ja, du bist schön. Zwei Tauben sind deine Augen.
Schön bist du, mein Geliebter, verlockend. Frisches Grün ist unser Lager,
Zedern sind die Balken unseres Hauses, Zypressen die Wände.

Multiple Sklerose

Multiple Sklerose (MS) ist eine der häufigsten Nervenkrankheiten überhaupt. Wie man heute weiß, hängt die Erkrankung mit Fehlregulierungen des Autoimmunsystems zusammen. Eine fortschreitende Zerstörung der isolierenden Schicht um die Nerven führt zu zahlreichen typischen Erscheinungen: Die Koordination aller Bewegungen wird zunehmend gestört. Dabei zeigen sich neben Seh- und Gleichgewichtsstörungen auch die für die Krankheit typische Gehstörung mit ihrer breiten Beinstellung. Aber nicht jeder Erkrankungsfall hat diese Folgen, es gibt auch relativ milde Formen von MS.
Der Verlauf der Krankheit, der sich über Jahre hinzieht, kann chronisch fortschreitend oder schubweise erfolgen. Es kommt auch immer wieder zu

bestimmten Verbesserungen des Krankheitsbildes. Eine Heilung ist derzeit medizinisch nicht möglich, eine Therapie kann lediglich das Fortschreiten von MS verlangsamen.

Den Betroffenen trifft die Diagnose »MS« oft wie eine »Hiobsbotschaft«. Auch wenn er bisher nur gelegentliche und eher schwache Anzeichen für eine Erkrankung bemerkt hat, fühlt er sich nun davon bedroht, je nach Krankheitsverlauf mit der Zeit sehr stark in seiner Bewegungsfreiheit eingeschränkt zu sein, irgendwann am Stock, später auch an zwei Stöcken gehen zu müssen oder sich nur im Rollstuhl bewegen zu können.

Resignation und Depression werden vielfach durch die Erkrankung bewirkt, doch gerade das Sichaufgeben ist offenbar dem Krankheitsverlauf keineswegs zuträglich, gehört MS doch wie Rheuma und andere zu den Autoimmunerkrankungen, bei denen sich die körpereigenen Abwehrzellen vernichtend gegen eigenes Gewebe richten. Glaube und Zuversicht können gerade bei dieser Krankheit eine wichtige Stütze sein.

Gegen Mutlosigkeit und Angst

Vater, ich habe Angst.
Was passiert mit mir?
Mir droht Schreckliches, was kann ich tun?
Wird meine Krankheit den befürchteten Verlauf nehmen, werde ich meine Bewegungsfreiheit verlieren, bald am Stock gehen müssen?

Ich habe Angst. Was kann ich tun?
Hilf mir, Vater, und stehe mir bei!
Lass mich nicht allein mit meinen Ängsten, und schenke mir Mut!
Ich will alles tun, was in meiner Macht steht.
Schenke du mir die Gelassenheit und Zuversicht dafür!

Phobien

Angst ist im Grunde eine natürliche Reaktion. Wenn der Mensch in eine Gefahr gerät, wenn er in Bedrängnis kommt, es »eng« wird, dann wird einem »angst und bange«. Angst in diesem durchaus gesunden Sinne schützt, erleichtert aufgrund der Erhöhung des Erregungszustandes eine möglicherweise nötige Flucht vor der Gefahr und macht auch vorsichtig.
Zum Problem wird Angst dort, wo sie in keinem angemessenen Verhältnis zum auslösenden Ereignis mehr steht, wo mit einem Übermaß an Angst reagiert wird. In diesem Zusammenhang spricht man von Phobien, panischer Angst und Panikattacken und unterscheidet mehrere Ausprägungen:

- Agoraphobie – Platzangst im Sinne einer Angst vor öffentlichen, bevölkerten Plätzen
- Klaustrophobie – Platzangst angesichts von zu engen Räumen, zum Beispiel in einem Fahrstuhl
- Akmephobie – Höhenangst
- Tierphobien – zum Beispiel Angst vor Spinnen
- Nyktophobie – Angst vor Dunkelheit

Solche Ängste behindern den Menschen und machen ein normales Leben teilweise unmöglich. Die Betroffenen leiden in akuten Situationen an Atembeschwerden, an Beklemmungen und Schweißausbrüchen, Herzpochen und Orientierungsstörungen.
Phobien können heute mit guten Aussichten auf Erfolg behandelt werden. Vor allem durch Entspannungsübungen und Desensibilisierung wird den Betroffenen geholfen.
Eine Hilfe kann auch der Glaube sein, vor allem dann, wenn man erkennt, dass die Angst immer auch mit Haltlosigkeit und mangelndem Vertrauen zu tun hat.
Der Glaube an Gott als Retter und das Vertrauen auf das von ihm bewirkte Heil überwinden die Angst. So weiß es auch Psalm 27.

Ein Gebet Davids

Der Herr ist mein Licht und mein Heil: Vor wem sollte ich mich fürchten? Der Herr ist die Kraft meines Lebens: Vor wem sollte mir bangen?
Dringen Frevler auf mich ein, um mich zu verschlingen, meine Bedränger und Feinde, sie müssen straucheln und fallen.
Mag ein Heer mich belagern: Mein Herz wird nicht verzagen.
Mag Krieg gegen mich toben: Ich bleibe dennoch voll Zuversicht.

Nur eines erbitte ich vom Herrn, danach verlangt mich: Im Haus des Herrn zu wohnen alle Tage meines Lebens, die Freundlichkeit des Herrn zu schauen und nachzusinnen in seinem Tempel.
Denn er birgt mich in seinem Haus am Tag des Unheils; er beschirmt mich im Schutz seines Zeltes, er hebt mich auf einen Felsen empor.
Nun kann ich mein Haupt erheben über die Feinde, die mich umringen. Ich will Opfer darbringen in seinem Zelt, Opfer mit Jubel; dem Herrn will ich singen und spielen.
Vernimm, o Herr, mein lautes Rufen; sei mir gnädig, und erhöre mich!
Mein Herz denkt an dein Wort: »Sucht mein Angesicht!« Dein Angesicht, Herr, will ich suchen.
Verbirg nicht dein Gesicht vor mir; weise deinen Knecht im Zorn nicht ab! Du wurdest meine Hilfe. Verstoß mich nicht, verlass mich nicht, du Gott meines Heiles!
Wenn mich auch Vater und Mutter verlassen, der Herr nimmt mich auf.
Zeige mir, Herr, deinen Weg, leite mich auf ebener Bahn trotz meiner Feinde!
Gib mich nicht meinen gierigen Gegnern preis; denn falsche Zeugen stehen gegen mich auf und wüten.
Ich aber bin gewiss, zu schauen die Güte des Herrn im Land der Lebenden.
Hoffe auf den Herrn und sei stark! Hab festen Mut und hoffe auf den Herrn!

Die Meditation dient in besonderem Maße der Überwindung von Angst. Der berühmte indische Yoga-Lehrer Swami Sivananda (1887–1963) weiß, wie es geht.

Gott denken

Bilde dir die Gewohnheit heran, täglich sehr oft »Gott« zu denken, dabei langsam zu atmen, ruhig und mit entspanntem Gesicht zu sitzen, und bald wirst du fühlen, wie Gottes große Ruhe in dich einströmt, körperlich wahrnehmbar.
Je mehr du nun dem Göttlichen Raum in dir gibst, umso ferner rückst du der Welt und hast immer weniger Angst.
Von diesem Anfang an brauchst du gar nicht mehr so viel selbst zu tun, denn jetzt beginnt bereits Gott in dir zu arbeiten; er zeigt dir mit sanftem Zwange immer schöner und einleuchtender, wie töricht du bist, auf die Welt zu blicken, da du doch jederzeit in dir selber Gott wahrzunehmen vermagst.
Je nach deiner Wesensart wird es dir zur Lust werden, entweder dich und alles in deinem Leben Gott anheim zu geben aus Liebe zu ihm oder – wenn du ein Tätigkeitsmensch bist – nur noch um Gottes Willen zu arbeiten und deine Kraft nur noch im Geiste der Liebe wirken zu lassen.
Von da an tut dir die Welt nichts mehr.

Je stärker du dich Gott hingibst, umso weniger bedeutsam ist dir die Welt.
Je mehr du wieder Angst hast und auf das »Sichere« schaust oder streitbar dein Ich verteidigst, umso härter werden dich Rückschläge treffen, die dich aber alle wieder zu Gott zurückführen, bis du endlich keine Rückfälle mehr hast, sondern ganz und gar in Gott lebst. Von da an ist dein Körper gesund, dein Geist ist ewig, heiter und freudig.
Die Arbeit im Beruf wird dir leicht fallen und erfolgreich sein.

Die Überwindung der Angst und das Vertrauen in Gottes Führung und Beistand gehören untrennbar zusammen. In Abwandlung von Psalm 18, Vers 30 kann man Gott jederzeit vertrauensvoll anrufen.

Ein Stoßgebet

Mit dir, mein Gott, überspringe ich Mauern.

Rheuma

Die Bezeichnung »Rheuma« fasst verschiedene Krankheiten an Muskeln und Gelenken zusammen. Hat der streng ordnende Mediziner bei Rheuma nur eine Krankheit im Sinn, nämlich die rheu-

matoide Arthritis (früher chronische Polyarthritis genannt), so rechnen andere um die hundert Krankheiten an Gelenken, Knochen und Bindegewebe zum rheumatischen Formenkreis. Die rheumatoide Arthritis ist nur eine dieser Krankheiten, eine ernste Entzündungserkrankung der Gelenke, die Menschen in jedem Alter treffen kann. Die Entzündungen werden wahrscheinlich durch Steuerungsfehler des Autoimmunsystems ausgelöst. Degenerationen der betroffenen Gelenke sind die Folge der Entzündungen, am Ende eines schleichenden Prozesses sind sie völlig unbrauchbar oder sogar vollkommen zerstört.
Hinzu kommen viele weitere Krankheitsbilder, denen gemeinsam ist, dass sie alle Entzündungskrankheiten des Bewegungsapparates sind. Rheuma in diesem weiten Sinne ist vielfach ein chronisches Leiden ohne Heilungschance. Man kann schmerzlindernde Medikamente einnehmen, man kann auch versuchen, die Schmerzen auszuhalten. Diese Versuche führen aber in der Regel zu Ausweichbewegungen und auf Dauer zu Fehlhaltungen, die wiederum Schmerzen, neue Schmerzen, verursachen. Heilgebete können helfen, mit der Krankheit zu leben.

Ja sagen lernen

Gott, Vater aller Menschen,
mir tut jede Bewegung weh.
Nehme ich nur eine leere Plastikschüssel in

die Hand, habe ich das Gefühl, das Gewicht vor Schmerzen nicht halten zu können. Und wenn ich aufstehen muss, ist das jedes Mal eine Qual.
Mein Rheuma zermürbt mich, ich würde mich am liebsten gar nicht mehr bewegen.
Einfach im Bett bleiben, einfach ruhig daliegen.
Aber ich weiß, dass das Gift wäre!
So hilf mir, Herr, mein Gott! Schenke mir Zuversicht und Lebensfreude, damit ich meiner Krankheit positiv begegnen kann!
Gib mir Mut und Ausdauer, gegen die Schmerzen anzukämpfen, mich auch gegen den Widerstand der Schmerzen zu bewegen.

Ich will kein Pflegefall werden, will auch nicht irgendwann an den Rollstuhl gefesselt sein!
Nein, trotz aller Schmerzen will ich laufen, mich bewegen, meine Selbstständigkeit bewahren.

Eigentlich will ich überhaupt keine Schmerzen haben!
Ich brauche sie nicht.
Kannst du, Gott, sie mir nicht einfach wegnehmen?
Oder habe ich aus dem, was mir weh tut, etwas zu lernen? – Was, sage mir, was willst du mir durch meine Krankheit zeigen? Willst du mir antworten, damit ich es verstehe?
Und wieder sagen kann: »Dein Wille geschehe« – ohne zu zweifeln?

Schlafstörungen

Alle Lebewesen benötigen Schlaf. Höchstens vierzehn Tage lang kann ein Mensch oder ein Tier ohne Schlaf überleben.

Entsprechend ernst ist das Problem der Schlaflosigkeit, medizinisch Agrypnie, Asomnie, Insomnie, Pervigilium genannt. Unter diesen für den Nichtmediziner kaum bekannten Begriffen verbergen sich unterschiedliche Arten der Schlafstörung, die, grob gesagt, in Einschlafstörungen und Durchschlafstörungen eingeteilt werden.

Einschlafstörungen entstehen entweder (primär) physiologisch durch die Erkrankung des Schlafzentrums im Gehirn oder (sekundär) durch bestimmte Störungen. Die sekundäre Schlaflosigkeit wird danach unterschieden, ob sie von außen (zum Beispiel durch Licht und Lärm) oder von innen (zum Beispiel durch Schmerzen, Sorgen oder Angst) verursacht wird.

Durchschlafstörungen treten dagegen vor allem im Alter oder bei Fieber auf.

Die Therapieformen sind je nach Ursache und Verlauf der Schlafstörung unterschiedlich:

➤ Durch Schlafentzug wird zum Beispiel versucht, einen nicht mehr funktionierenden Schlafrhythmus wiederherzustellen.

➤ Vor allem ist aber die Verabreichung von Schlafmitteln nach wie vor gang und gäbe. Da sie nur symptomatisch wirken, zahlt der Kranke einen hohen Preis. Denn die Nebenwirkungen von Schlafmitteln sind nicht zu unterschätzen und reichen von allergischen Reaktionen bis zur Suchtgefahr. Und leider erhält man mit Schlafmitteln auch nicht den natürlichen, erholsamen Schlaf mit seinem typischen Wechsel der Schlafphasen, sodass man häufig wie gerädert aufwacht.

Es gibt aber auch sanftere Methoden. Dazu gehören die Beachtung eines regelmäßigen Tagesablaufes mit festen Schlafzeiten, eine Umstellung der Ernährung sowie Entspannungsübungen (zum Beispiel Meditation, Autogenes Training oder Yoga).

Dass Gottvertrauen dem ruhigen Schlaf dienlich sein kann, zeigt das dritte Kapitel des Buches der Sprichwörter (Spr 3, 19–26).

Umsicht und Besonnenheit bewahren

Der Herr hat die Erde mit Weisheit gegründet und mit Einsicht den Himmel befestigt.

Durch sein Wissen brechen die tiefen Quellen hervor und träufeln die Wolken den Tau herab.

Mein Sohn, lass beides nicht aus den Augen: Bewahre Umsicht und Besonnenheit!

Dann werden sie dir ein Lebensquell, ein Schmuck für deinen Hals; dann gehst du sicher deinen Weg und stößt mit deinem Fuß nicht an.

Gehst du zur Ruhe, so schreckt dich nichts auf, legst du dich nieder, erquickt dich dein Schlaf. Du brauchst dich vor jähem Erschrecken nicht

zu fürchten noch vor dem Verderben, das über die Frevler kommt.
Der Herr wird deine Zuversicht sein, er bewahrt deinen Fuß vor der Schlinge.

Stresserkrankungen

Stress ist grundsätzlich keine Erkrankung, sondern eine natürliche Reaktion auf Belastungen. Problematisch wird Stress erst als Dauerstress, oder wenn er mit Überforderungsgefühlen verbunden ist. Überforderung ist dabei eine subjektive Empfindung, die mit objektiven Gegebenheiten nicht übereinstimmen muss. Arbeit kann zum Beispiel Stress erzeugen, wenn man das Gefühl hat, zu viel Arbeit zu haben und sie nicht bewältigen zu können. Aber auch dann, wenn das genaue Gegenteil zutrifft, wenn im Beruf Langeweile herrscht und man unterfordert ist, kann das Stress auslösen.
Wer unter ständigem Stress leidet, kann ernsthaft erkranken. Dauerstress kann zu Depressionen, kann zum Burn-out-Syndrom führen, kann auch schwer wiegende Krankheiten bis hin zu Krebs nach sich ziehen.
In einer Zeit, in der sich das Leben ständig beschleunigt, nimmt auch der Stress zu. Man fühlt sich ständig unter Druck, gehetzt von den Terminen, die man einhalten muss. Wenn dann noch positive Rückmeldungen fehlen oder man gar zum Mobbing-Opfer wird, ist man sehr rasch am Ende seiner Kräfte und wird krank.

Entspannungs- und Atemübungen, aber auch Meditation sind wirkungsvolle Hilfen gegen Stress. Meist geht es darum, unterscheiden zu lernen zwischen dem, was wichtig, und dem, was wirklich wesentlich ist. Was Stressgeplagte brauchen, sind vor allem »Inseln der Entspannung«, kurze oder längere Zeiten der (selbst verordneten) Erholung, um das innere Gleichgewicht wiederherstellen zu können, sich zu erden und damit Ruhe zu finden. Auch ein Gebet kann hierbei helfen.

Ich kann nicht mehr ...

Gott,
ich kann nicht mehr.
Ich habe heute schon so viel geleistet, so viel weggeschafft, aber dennoch wächst der Berg, den ich durchzuarbeiten habe, immer mehr an.
Ich sollte vier Hände auf einmal haben, aber auch dann, befürchte ich, werde ich mein Pensum nicht schaffen.
Ich fühle mich ausgelaugt, meine Kräfte schwinden.
Ich habe das Gefühl, mir gelingt gar nichts mehr.

Hilf mir, Gott,
ich fühle mich so überfordert!
Steh mir bei und schenke mir Kraft.
Ich schaffe das alles nicht allein!

Sucht

Suchtverhalten ist in den letzten Jahrzehnten zu einem in fast allen Bereichen des Lebens drohenden Phänomen geworden. In gesellschaftlichen Zusammenhängen, in denen Wertorientierung, Tradition, Gemeinschaftssinn und Halt im Schwinden begriffen sind, nimmt offenbar jede Art von Sucht zu. Sucht ist primär wohl kaum eine Fluchtreaktion, sondern resultiert vielmehr aus einer existenziellen Suche, einer Suche nach Mehr, nach Luststeigerung, Bewusstseinserweiterung, nach Glücksgefühlen und menschlicher Erfüllung.

Neben den klassischen Suchtkrankheiten wie der Drogen- und Medikamentenabhängigkeit und dem Alkoholismus werden tief greifende psychische Probleme auch in anderen Formen, wie der Magersucht und der Bulimie, dem Schnüffeln und dem Workaholismus, immer deutlicher.

Wie bei jeder wesentlichen Änderung des Lebens, so kommt es auch bei der Verarbeitung von Sucht entscheidend darauf an, den Blick nicht auf das Suchtverhalten zu verengen.

Ist die Sucht letztlich nichts anderes als ein Ersatz für andere Bedürfnisse, so ist nach Möglichkeiten zu suchen, diese Bedürfnisse auf eine andere, gesunde Weise zu stillen.

Im Blick auf die Gesundung ist es wichtig, auf das zu sehen, was man gewonnen hat, als »neuer« Nichtraucher zum Beispiel die Verbesserung des Geruchs- und Geschmackssinns, die Veränderung der Haut, das Abklingen des Raucherhustens.

Für eine Heilung ist das Bewusstwerden der Sucht der erste und wesentliche Schritt, die Vermeidung des Rückfalls nach einer erfolgreichen Entwöhnung indes eine ständig zu leistende Aufgabe.

Was ich zum Leben brauche

Gott, du Geber aller Gaben,
ich danke dir, dass du mir schenkst, was ich zum Leben brauche.
Gib mir auch heute mein täglich Brot,
und lass mich damit zufrieden und davon erfüllt sein.

Meine Bedürfnisse nach [Suchtmittel] sind immer noch stark.
Immer wieder überkommt mich das Verlangen danach,
es überfällt mich und droht mich zu überwältigen.
Schenke du mir Einsicht, um den mich anfliegenden Gedanken Einhalt gebieten zu können.
Schenke du mir Kraft, um der Gier widerstehen zu können.
Schenke du mir Vertrauen in meinen Weg und Dankbarkeit darüber, dass ich heute schon freier bin als noch vor Tagen.
Lenke ich meinen Blick auf die Vorteile, die sich mir dadurch ergeben, dass ich dem Zwang Einhalt geboten habe, fühle ich Erleichterung und auch Dankbarkeit.

Übergewicht

Adipositas, Bulimie oder Hyperorexie – die Medizin hat unterschiedliche Begriffe für die Fettsucht. Das Übergewicht kommt durch Essstörungen, falsche Essgewohnheiten und mangelnde körperliche Bewegung zustande. Mitunter spielen Depressionen eine Rolle, die Rede vom »Kummerspeck« hat hier ihren Ort. Die Ursachen liegen teilweise aber auch in organischen Störungen wie der Verminderung des Blutzuckerspiegels oder in bestimmten Allergien. Stark Übergewichtige leiden ebenso wie Magersüchtige häufig unter einer Wahrnehmungsstörung ihres Körperschemas. Sie können sich nicht so dick sehen, wie sie tatsächlich sind. Ständiger Heißhunger oder Fresssucht zwingen den Übergewichtigen, sein Gewicht zu halten oder noch zu erhöhen. Fresssucht spielt auch bei der Bulimie eine wichtige Rolle.

Bei der Bekämpfung des Übergewichts ist vor allem der Wille zum Abnehmen wichtig: Warum lohnt es sich, mit dem unkontrollierten und maßlosen Essen aufzuhören und stattdessen abzunehmen? Eine Therapie hat nur dann Aussicht auf Erfolg, wenn das familiäre Umfeld unterstützend mitwirkt. Zur Reduzierung von Übergewicht ist einerseits viel Disziplin erforderlich (Einhaltung von Diätplänen, Selbstkontrolle, körperliche Bewegung), andererseits eine Verbesserung der Körperwahrnehmung und eine Erhöhung des Selbstwertgefühls.

Ein Heilgebet kann, gerade was das Selbstbewusstsein betrifft, hilfreich sein.

Umkehr

Herr,
Schöpfer des Himmels und der Erde,
ich habe in den letzten Jahren nicht genügend auf meinen Körper geachtet. Immer tiefer bin ich in den Strudel des mehr und noch mehr Essens geraten.
Das Ergebnis ist niederschmetternd: Ich bin so dick geworden, dass ich mich nicht mehr im Spiegel ansehen will. Überall Fettpolster und Speckrollen!
So will ich nicht mehr weitermachen, ich will nun wieder mehr auf meinen Körper achten, ihm Gutes tun.
Ich will nicht mehr wahllos Nahrung in mich hineinstopfen, sondern lernen, mein Essen zu genießen.
Schenke mir Kraft und Ausdauer für den Weg, den ich jetzt gehen will! Lass mich spüren, dass deine Liebe mich trägt, auch dort, wo es für mich schwer werden wird!
Das Essen war in den letzten Jahren der wichtigste Inhalt meines Lebens. Lass mich Dinge finden, die mein Leben auf andere, gesündere Weise füllen, die mir Lebensfreude geben, ohne mich zum Essen zu zwingen.
So, wie ich jetzt aussehe, hast du mich sicherlich nicht gewollt.
Ich will alles tun, damit sich daran etwas ändert.
Hilf mir dabei!

Unfruchtbarkeit

Unfruchtbarkeit, medizinisch Sterilität genannt, ist ein verbreitetes Phänomen und bezeichnet die Unfähigkeit eines Paares, Kinder zu bekommen.
Die Ursachen sind bei der Frau im funktionellen oder anatomisch-morphologischen Bereich angesiedelt, beim Mann sind gestörte Spermabildung, die Behinderung der Samenwege und Beischlafstörungen die wesentlichen Gründe für ein Scheitern der Befruchtung.
Über die Auswirkungen der Umweltbelastungen auf die Fruchtbarkeit wird eifrig diskutiert: Ist die gewöhnliche Nahrung zu stark durch hormonartige Substanzen verseucht? Macht die Strahlenbelastung durch alle möglichen Quellen unfruchtbar?
Für Paare bedeutet die Unfruchtbarkeit in vielen Fällen großes Leid. Wie sehr haben wir uns ein Kind gewünscht! Warum bleibt unser Kinderwunsch unerfüllt? Warum gerade ich? Ich habe mir doch immer schon Kinder gewünscht.
Es ist durchaus verständlich, dass Paare alles versuchen, um den Kinderwunsch doch noch zu erfüllen. Und die Medizin hat ein breites Spektrum an therapeutischen Möglichkeiten zur Überwindung der Unfruchtbarkeit parat. Man darf es jedoch durchaus fragwürdig finden, dass auf der einen Seite der Kinderwunsch mit allen möglichen Mitteln durchgesetzt wird, andererseits aber viele Kinder abgetrieben werden oder, in anderen Teilen der Erde, schlichtweg verhungern.

Doch das gesellschaftliche oder globale Problem ist die eine Seite, das individuelle Problem die andere. Und da ist tatsächlich erst einmal das Leid über den unerfüllten Kinderwunsch. Man sollte deshalb die Versuche, dieses Leid mit Hilfe der Medizin zu überwinden, nicht leichtfertig als egoistischen Akt verurteilen.

Annehmen, was uns gegeben wird

Gott, Schöpfer aller Menschen,
wir wünschen uns ein Kind, aber unser Wunsch bleibt uns versagt. Was haben wir nicht schon alles versucht, nichts hat zum erhofften Ziel geführt.
Wir sind mutlos und enttäuscht, freudlos und zermürbt. Was willst du uns damit sagen? Warum schenkst du uns nicht, was wir uns so sehr wünschen?

Gott,
gib uns Gelassenheit, wir wollen von deiner Hand annehmen, was du uns gibst. Dein Wille geschehe, wie im Himmel, so auf Erden.

Paaren, die unter Unfruchtbarkeit leiden, kann man nur wünschen, dass es ihnen ergeht wie der Frau Zion, einem Bild für die Stadt Jerusalem. Jesaja zeichnet es in seinen Prophezeiungen (Jes 49, 20–21).

Wer hat mir diese Kinder geboren?

Bald wirst du, die du kinderlos warst, mit eigenen Ohren hören, wie deine Kinder sagen: Mir ist der Platz hier zu eng, rück zur Seite, ich will mich setzen.
Dann wirst du dich in deinem Herzen fragen: Wer hat mir diese (Kinder) geboren? Ich war doch kinderlos und unfruchtbar, war verbannt und verstoßen. Wer hat mir die Kinder herangezogen? Ich war doch allein übrig geblieben. Wo kommen sie her?

Unfruchtbarkeit war schon in biblischer Zeit ein großes Problem, besonders für die Frau, man denke an Sara, die Frau Abrahams, oder Hanna, die Mutter Samuels, möglicherweise war es sogar ein größeres Problem als heute, denn von der Nachkommenschaft hing damals auch die Versorgung im Alter ab. Eine Frau ohne Kinder war eigentlich keine richtige Frau, erst in der Rolle als Mutter war sie höher geachtet.
Unfruchtbarkeit wurde in der Bibel ausschließlich als Problem der Frau gesehen. Heute ist klar, dass diese Sichtweise falsch ist, dennoch wirkt sie nach. Egal, wer nun unfruchtbar ist, der Mann oder die Frau: Beide sollten achtsam sein, dass man den betroffenen Partner nicht abwertet und seinen Wert an der Zeugungs- bzw. Gebärfähigkeit misst.
Die Erfüllung des Kinderwunsches kann auf natürlichem Wege nicht erzwungen werden. Vielfach

steht gerade der Erwartungsdruck, der von den Partnern aufgebaut wird, dem entgegen. In dieser Situation kann es helfen, den Wunsch loszulassen – im Vertrauen darauf, dass es kommen wird, wie es gut ist. Eine solche Haltung schafft Gelassenheit und Offenheit. Der dritte Vers von Psalm 127 kann auch Ihnen Motto sein.

Eine Gabe Gottes

Kinder sind eine Gabe des Herrn, die Frucht des Leibes ist sein Geschenk.

Zwänge

Wenn man meint, eine Handlung immer wieder tun zu müssen, obwohl sie in der Situation vom Ausführenden nie oder nur gelegentlich als sinnvoll betrachtet wird, spricht man von Zwang. Patienten leiden darunter, dass sie sich zum Beispiel ständig die Hände waschen oder nachsehen müssen, ob die Haustür verschlossen, das Licht ausgeschaltet und das Gas abgedreht ist. Die Ursachen für diese Erkrankung beruhen nach Freud im Grunde auf einer durchaus positiven Reaktion. Der oder die Betroffene versucht, sich gegen eine starke Angst zu schützen, und entwickelt ein entsprechendes Abwehrverhalten. Die Fehlentwicklung besteht nur in der Ausführung der Abwehr, in der Bildung eines neurotischen Schutzschildes. Zwangsstörungen und

-vorstellungen sind relativ schwer zu behandeln. Lediglich die Verhaltenstherapie und vereinzelt bestimmte Medikamente erbringen einen, wenn auch manchmal nur mäßigen, Erfolg. Andererseits kann hier das Gebet eine wichtige Aufgabe erfüllen und den Kranken zu positivem Denken, Gelassenheit und Zuversicht führen.

Den Teufelskreis durchbrechen

Gott,
immer wieder die gleichen Gedanken, immer wieder das Gefühl, das tun zu müssen, was sich stets gleich als Bild in meinem Unterbewusstsein formt. Warum, Gott, warum immer wieder, warum nimmt das kein Ende? Ich weiß doch, dass das ständige Wiederholen sinnlos ist, und ich will es nicht mehr.

Gott,
ich bin so ohnmächtig, schenke du mir Kraft!
Ich bin so hilflos, schenke du mir Zuversicht!
Ich bin so ausgeliefert, schenke du mir Freiheit!

Gott,
lenke meine Gedanken weg vom Zwang.
Hilf mir, den Teufelskreis des immer wieder Gleichen zu durchbrechen.
Und schenke mir das nötige Durchhaltevermögen dafür!

Schlussgebet

Psalm 103 bildet den Schlussakkord dieses Kapitels. Das Gebet drückt aus, was letztlich wesentlich ist und Not tut: die lobende Hingabe des Menschen an Gott in jeder Situation.

Ein Loblied auf den gütigen und verzeihenden Gott

Lobe den Herrn, meine Seele, und alles in mir seinen heiligen Namen!
Lobe den Herrn, meine Seele, und vergiss nicht, was er dir Gutes getan hat:
der dir all deine Schuld vergibt und all deine Gebrechen heilt,
der dein Leben vor dem Untergang rettet und dich mit Huld und Erbarmen krönt,
der dich dein Leben lang mit seinen Gaben sättigt; wie dem Adler wird dir die Jugend erneuert.
Der Herr vollbringt Taten des Heiles, Recht verschafft er allen Bedrängten.
Er hat Mose seine Wege kundgetan, den Kindern Israels seine Werke.
Der Herr ist barmherzig und gnädig, langmütig und reich an Güte.
Er wird nicht immer zürnen, nicht ewig im Groll verharren.
Er handelt an uns nicht nach unsern Sünden und vergilt uns nicht nach unsrer Schuld.

Denn so hoch der Himmel über der Erde ist, so hoch ist seine Huld über denen, die ihn fürchten.
So weit der Aufgang entfernt ist vom Untergang, so weit entfernt er die Schuld von uns.
Wie ein Vater sich seiner Kinder erbarmt, so erbarmt sich der Herr über alle, die ihn fürchten.
Denn er weiß, was wir für Gebilde sind; er denkt daran: Wir sind nur Staub.
Des Menschen Tage sind wie Gras, er blüht wie die Blume des Feldes.
Fährt der Wind darüber, ist sie dahin; der Ort, wo sie stand, weiß von ihr nichts mehr.
Doch die Huld des Herrn währt immer und ewig für alle, die ihn fürchten und ehren;
sein Heil erfahren noch Kinder und Enkel; alle, die seinen Bund bewahren, an seine Gebote denken und danach handeln.
Der Herr hat seinen Thron errichtet im Himmel, seine königliche Macht beherrscht das All.
Lobt den Herrn, ihr seine Engel, ihr starken Helden, die seine Befehle vollstrecken, seinen Worten gehorsam!
Lobt den Herrn, all seine Scharen, seine Diener, die seinen Willen vollziehen!
Lobt den Herrn, all seine Werke, an jedem Ort seiner Herrschaft! Lobe den Herrn, meine Seele!

Fürbitte für Kranke

Schon in der frühen Christenheit wurde das Gebet zum Heil anderer gebetet, und die Fürbitte für Kranke ist bis heute ein wichtiges Gebet in den christlichen Kirchen. Wie für kranke Angehörige gebetet werden kann, soll im Folgenden an einigen Beispielen vorgestellt werden.

Um die Gebete nicht durch zu viele Anredeformen (mein Mann, meine Frau, mein Kind, mein Freund, meine Freundin, er, sie, ihm, ihr usw.) unlesbar zu machen, haben wir uns entschieden, dem bzw. der Kranken den Buchstaben N. für »Nonnullus« (lat., zu Deutsch: »mancher«) zu geben und ihn oder sie im grammatikalischen Geschlecht männlich sein zu lassen.

Den Fürbittgebeten ist ein Gebet der katholischen Kirche vorangestellt. Es ist ein Tagesgebet aus einer Messe für Kranke.

Fürbitte für die Kranken

Barmherziger Gott,
du bist das ewige Heil aller Gläubigen;
erhöre unser Gebet
für unsere kranken Brüder und Schwestern.
Richte sie auf in deiner Barmherzigkeit,
und gib ihnen die Gesundheit wieder,
damit sie dir in deiner Gemeinde danken.
Darum bitten wir durch Jesus Christus.

Aufmerksamkeitsdefizitsyndrom

Das Aufmerksamkeitsdefizitsyndrom, kurz ADS, wird gegenwärtig bei Kindern immer häufiger diagnostiziert. Die Krankheit hat unterschiedliche Gesichter und offenbar auch verschiedene Ursachen, die Palette reicht von organischen Gründen bis zu Umweltfaktoren. Abgesehen von anderen Varianten, ist vor allem, aber nicht ausschließlich bei Jungen die Hyperaktivität ein kennzeichnendes Merkmal. In vielen Fällen werden Stimulanzien gegen die Krankheit verordnet, nach wie vor ist Ritalin, eine Droge, die die Symptome unterdrückt, aber nicht die Ursachen behandelt, das am häufigsten verschriebene Medikament bei ADS. Die Gefahren einer solchen, wenn auch ärztlich verordneten, Drogengabe an Minderjährige liegen auf der Hand. Berücksichtigt man, dass die ADS-Welle aus den USA, wo die Krankheitsrate von Kindern und Jugendlichen schon bei rund 25 Prozent liegt, mit Verspätung nun nach Europa herüberschwappt, ist mit einem weiteren starken Anstieg der diagnostizierten Fälle auch bei uns zu rechnen. Obwohl Einigkeit besteht, dass Stimulanzien nur nach sorgfältiger Untersuchung und nur zusätzlich zu verhaltenstherapeutischen und pädagogischen Maßnahmen verordnet werden dürfen, legt die hohe Anzahl an ausschließlichen Stimulanziengaben nahe, dass oft nicht mit gebührender Zurückhaltung vorgegangen wird.

Die explosive Entwicklung der ADS-Diagnosen beweist, dass es sich nicht um eine physiologisch bedingte Krankheit handeln kann, sondern dass in den meisten Fällen ein erlerntes Verhalten vorliegt. Verhalten aber kann man ändern – und zwar ohne Drogen!

Vor allem die Hyperaktivität macht allen Beteiligten zu schaffen. Sie kommt selten allein, sondern geht oftmals mit mangelnder Impulskontrolle und Lernstörungen einher. Das »Zappelkind« ist heute längst kein Einzelfall mehr, zwei oder drei in einer Schulklasse machen einen geregelten Unterricht unmöglich.

Ebenso schwierig ist es für die Eltern eines solchen Kindes. Wenn es an die Hausaufgaben geht, beginnt für die ganze Familie immer wieder eine kleine Leidensgeschichte.

Das folgende Gebet ist aus der Sicht von Eltern eines hyperaktiven Kindes formuliert.

Ein liebender Blick

Gott, Vater im Himmel,
ich kann nicht mehr, es ist mit N. nicht auszuhalten. Jeden Mittag, wenn er von der Schule heimkommt, ist es so, als sei der Teufel los. Es beginnt beim Mittagessen, wo er immer wieder aufspringt, und wenn dann die Hausaufgaben gemacht werden sollen, ist es ganz aus. Stunden verbringe ich mit ihm bei kleinsten Aufgaben, ich muss immer dabei bleiben, muss ihn immer wieder zur Ordnung rufen. Es geht über meine Kraft.

Vater,
schenke mir Gleichmut und Geduld, diese Strapazen auszuhalten und N. immer liebevolle Zuwendung zu schenken. Gib mir die Kraft, ihm Grenzen zu setzen und diese Grenzen dann einzuhalten.
Hilf mir, dass ich meine Liebe zu ihm trotz aller Zumutungen ausdrücken kann, dass er trotz allem das Gefühl hat, angenommen und geliebt zu sein – genau so, wie er ist.
Ich will alles tun, was in meiner Macht steht, ihm zu helfen.

Vater,
schenke auch ihm etwas, allem voran Ruhe und Ausgeglichenheit, damit er lernt, seine Impulsivität und Schnelligkeit in andere Bahnen zu lenken.
Lass ihn lernen, mit seinen Eigenheiten, mit seiner Situation zurechtzukommen und trotz allem Lebenszufriedenheit zu entwickeln.

Depression

Zum Krankheitsbild »Depression« finden Sie auf Seite 115 ff. Hinweise zum Umgang mit der Krankheit sowie Gebete für Menschen, die unter Depression leiden. Da Depressive für ihre Umwelt oft sehr schwer zugänglich sind, ist die Krankheit auch für die Angehörigen sehr belastend. Ein Gebet für den Kranken sprechen zu können, kann trostreich sein.

Den anderen verstehen und achten

Gott,
N. ist an Depression erkrankt. Ich mache mir große Sorgen um ihn. Vor allem habe ich Angst, dass er sich etwas antun könnte.
Schenke ihm heitere Gelassenheit, Zuversicht und Hoffnung! Heile ihn von seiner Krankheit! Hilf aber auch mir, achtsam, aufmerksam und hilfreich zu sein. Schenke mir vor allem die richtigen Worte im richtigen Moment, dass er sich von mir verstanden und beachtet fühlt.
Auf dich, Gott, setze ich mein Vertrauen, stehe ihm und mir besonders heute und jetzt bei, und segne uns!

Krebs

Krebs ist eine Krankheit, die gegenwärtig wie keine zweite unser Bewusstsein beherrscht. Lesen Sie eine beliebige Tageszeitung an einem beliebigen Tag, und Sie finden garantiert irgendeine Meldung im Zusammenhang mit Krebs.
Was der Volksmund mit Krebs bezeichnet, ist indes eine Vielzahl unterschiedlicher Erkrankungen, deren Gemeinsamkeit darin besteht, dass sich einzelne Zellen auf Kosten der anderen verselbstständigen und eigene Gewebe, Tumore, bilden. Durch ungebremstes Wachstum kommt es zur Verdrängung des gesunden Körpergewebes und, da der Tumor für sein Wachstum viele Nährstoffe benötigt,

zur Auszehrung des gesamten Organismus, als dessen Folge der Tod eintritt.
Seit Jahrzehnten wird mit Milliardenaufwand nach der Ursache von Krebs gefahndet, ohne bisher ein befriedigendes Ergebnis zu haben. Sicher weiß man, dass bestimmte Viren, Schadstoffe wie die so genannten freien Radikale, Bestandteile des Zigarettenrauchs sowie Strahlenbelastungen, die alle die Zelle schädigen, bei der Krebsentstehung eine Rolle spielen. Krebszellen finden sich in jedem Körper. Normalerweise beseitigt sie ein intaktes Immunsystem. Zellen ohne Informationsaustausch können einzeln nicht überleben. Sobald der Informationsfluss abreißt, wird automatisch ein Selbstmordprogramm in der Zelle aktiviert, und sie zerstört sich selbst. Alle diese Schutzmechanismen müssen ausfallen, damit eine Krebsgeschwulst überhaupt entstehen kann.
Neuerdings ist aufgefallen, dass bei Krebskranken häufig der Cholesterinspiegel erhöht ist. Nun zeigt ein erhöhter Cholesterinspiegel zuallererst eine erhöhte Reparaturtätigkeit im Körper an. Auch infolge einer Operation ist der Cholesterinspiegel deutlich erhöht.
Kürzlich entdeckten Wissenschaftler, dass die Zellteilungsvorgänge in der Krebszelle denen bei Heilungsprozessen gleichen. Nur dass der Krebs bis ins Unendliche, Tödliche, »heilt«. Nimmt man noch Erkenntnisse aus der Neurologie hinzu, wonach seelische Verletzungen im Gehirn wie körperliche verarbeitet werden und diese Prozesse Rückkoppelungen in den Körper haben, rundet sich das Bild.

Die Verletzung, gleich welcher Ursache, veranlasst die spätere Krebszelle, ihr »Heilungsprogramm« anzuwerfen. Ihr Überlebenswille auch gegen die Gemeinschaft, die der Körper darstellt, wird so groß, dass alle anderen Mechanismen ausgeschaltet werden.
Krebs ist der extremste Schrei nach Leben. Aber er ist nach innen gerichtet, obwohl er längst außen von den Mitmenschen hätte gehört werden müssen.
Beeindruckende Spontanheilungen bei Krebs wurden dort beschrieben, wo ausbehandelte Erkrankte zum Sterben nach Hause geschickt wurden, dort ihre letzten Dinge ordneten und sich bereit machten für den Tod. Nur kam nicht der Tod, sondern die Heilung.
Wer einen Krebskranken begleitet, der bleibt nicht unberührt von dessen Weg. Er geht ihn mit, und wo nicht er, da Gott.
Das beschreibt auch ein Gebet des französischen Dichters François-René de Chateaubriand.

Erlösung

Der du dein Leben, deinen Tod den Menschen gibst und diejenigen liebst, die weinen, erhöre das Gebet des Unglücklichen, der leidet nach deinem Beispiel. Nimm ihm die Last ab, die ihn erdrückt, sei für ihn der Cyrenäer, der dir dein Kreuz tragen half auf den Golgatha.

Sucht

Zum Krankheitsbild »Sucht« finden Sie auf Seite 142 Hinweise zum Umgang mit der Krankheit.
Das folgende Gebet ist Ausdruck der Sorge um einen Nächsten, der alkoholkrank ist.
Alkoholismus ist eine zerstörerische Sucht, die allzu oft auch tief ins Leben der nicht erkrankten Familienmitgleider eingreift und schwer wiegende soziale Folgen haben kann. Davon spricht das folgende Gebet ebenfalls.

Einsicht und Umkehr

Gottvater,
Geber aller guten Gaben,
N. leidet an Alkoholismus. Alle Tage sind bestimmt von dieser Droge, ohne sie kann er nicht mehr sein.

Ich habe die Warnsignale übersehen.
Ich habe zwar etwas gesehen, eine Veränderung an ihm, den immer häufigeren Griff zur Flasche, die zunehmende Aggression, aber ich habe darüber hinweggesehen, wollte lange der Wahrheit nicht ins Auge sehen, dass er tatsächlich ernstlich erkrankt ist.

Jetzt stehe auch ich vor einem Scherbenhaufen. Meine Beziehung zu ihm zerbricht, und ich kann das nicht aufhalten.

Vater,
schenke mir Kraft, diese Situation auszuhalten.
Hilf mir, dass ich ihn nicht weiter in seiner Sucht unterstütze, seine Ausfälle kaschiere und es ihm dadurch ermögliche, dass er so weitermacht.

Vater,
schenke mir auch Mut, ihn selbst gegen seinen Widerstand mit der Wahrheit zu konfrontieren.
Aber – ich bitte dich eindringlich – schenke vor allem ihm die Einsicht in seine wirkliche Lage. Nur ein »Ja, ich bin alkoholabhängig, ich bin krank« kann zu einer Umkehr führen. Lass ihn diese Einsicht finden und aussprechen.

Hilf ihm! Ich flehe dich an.

Unfallopfer

Neben schweren Erkrankungen sind es meistens Unfälle, vor allem im Straßenverkehr, die unerwartet und tief in unser Leben eingreifen. Es kommt so häufig vor, passiert so schnell. Sekundenbruchteile entscheiden darüber, ob sich das Leben grundlegend ändert. Man wartet abends auf die Rückkehr des Partners, da klingelt das Telefon. Eine Hiobsbotschaft schneidet in den Alltag: Der Mann oder die Frau ringt nach einem Autounfall

auf der Intensivstation eines Krankenhauses mit dem Tod, das Kind ist auf dem Schulweg von einem Auto erfasst worden, der Freund schwer verunglückt.
In solchen Situationen steht auch der Nahestehende vielfach unter Schock, die Gedanken wirbeln. Das darf doch nicht wahr sein! Warum gerade er/sie, warum gerade jetzt, warum geschieht das mir/uns, warum, warum, warum? Zwischen Verzweiflung und Hoffnung für den Kranken, zwischen Abwehr und Erkenntnis der bitteren Wirklichkeit – o Gott, hilf!
Stoßgebete sind möglich, wo für längere Gebete nicht die Konzentration reicht.

Flehentliches Bitten

In dieser schweren Stunde, Gott, steh ihm bei!

Lass es nicht so schlimm sein, wie es jetzt erscheint!

Herr, der du die Bittenden ermunterst: Lass ihn am Leben!

Hilf, Herr, breite deine Arme über ihn und schütze ihn!

Schenke ihm Kraft und das unbedingte Ja zum Leben!

Vor dem Krankenbesuch

Besuche im Krankenhaus sind nur in seltenen Fällen unbelastet. Wenn die Neugeborenen-Station das Ziel ist und Mutter und Kind wohlauf sind, stellt das eine solche Ausnahme dar, und man braucht als Besucher keinerlei Unterstützung dafür. Freude und Dankbarkeit – ein Dankgebet kommt wie von selbst über die Lippen. Sonst sind es Kranke, Wartende, Leidende, vielleicht auch Schwer- und Todkranke, die man aufsucht.

Bei schweren Erkrankungen und bei noch nicht erfolgten Diagnosen kann der anstehende Besuch am Krankenbett wirklich schwer fallen. Was kann ich ihm oder ihr sagen? Kann ich ihm oder ihr Zuspruch geben? Wie finde ich ihn oder sie vor? In Tränen aufgelöst, jammernd, still und stur vor sich hinblickend? Oder hoffnungsvoll, gelöst, vielleicht sogar heiter?

Je nach Sachlage, zum Beispiel nach einer Operation, werden die Fragen spezifischer: Wie wird er oder sie die Operation überstanden haben? Ist er oder sie gut aus der Narkose erwacht? War die Operation erfolgreich? Welche Veränderungen haben sich ergeben? Leidet er/sie darunter oder kann er/sie sie akzeptieren?

Gerade beim Besuch von Todkranken wird auch der Besucher mit dem Tod konfrontiert. In der europäischen Gegenwart wird das Verhältnis zum Tod immer brüchiger. Starben früher alte Menschen vielfach zu Hause im Kreis der Familie, so erfährt man, abgesehen von spezialisierten Berufs-

gruppen wie Soldaten im Auslandseinsatz, Unfallhelfern und Krankenhauspersonal, Sterben heute vielfach erst beim Tod ganz naher Angehöriger im Krankenhaus. Der tausendfache Tod auf dem Bildschirm, in Nachrichtensendungen, Krimis, Spielfilmen und Dokumentationen, vermittelt diese Erfahrung nicht. So real es auch auf der Mattscheibe dargestellt sein mag, die Distanz bleibt.
So bildet der Besuch von Todkranken eine starke seelische Anforderung an den Besucher, mag ihn auch mitunter überfordern. Mit dem bevorstehenden Tod eines besuchten Kranken wird die eigene Sterblichkeit ins Gedächtnis gerufen, ist auf einmal der ganz persönliche Tod als notwendiges Ende des Lebens gegenwärtig.
Das folgende Gebet ist als Hilfe für den Gang ins Krankenhaus gedacht und stellt gleichzeitig eine Fürbitte dar.

Zum Tröster werden

Gott, Schöpfer aller Menschen,
du bist der Herr des Lebens, bist Herr auch über den Tod. Ich gehe heute und besuche N. im Krankenhaus.
Ich bin verunsichert. Werde ich ihm eine Hilfe sein, ihm beistehen und Halt geben können?
Herr, segne mich, und schenke mir Kraft für meinen Besuch im Krankenhaus bei N.!
Wenn er mit mir spricht, dann schenke mir ein hörendes Herz, dass ich wirklich hinhören

kann und das wahrnehme, was er mir mit seinen Worten sagen will.

Du Tröster aller Bedrängten,
lass auch mich zum Tröster werden, die richtigen Worte finden, Worte, die gut tun, Balsam sind und heilen. Und wenn mir Worte fehlen, dann lass mich schweigende Teilhabe schenken, die N. spürt und die ihn ermutigt.

Am dringlichsten jedoch, Herr, bitte ich dich für N.: Segne ihn mit deinem überreichen Segen, dass er den Weg, den du ihm vorbestimmt hast, gehen kann!
Bleib an seiner Seite, egal, wohin du ihn führst! Lass ihn erkennen, dass du ihm auch dort nicht ferne bist, wo er dich fern erfährt, und schenke ihm auch in den dunkelsten Momenten den Glauben, dass dein Wille geschehe!

Ich aber bitte dich inständig: Lass ihn gesund werden, Herr!

Schlussgebet

Das folgende, das gesamte Buch abschließende Gebet stammt von Christian Morgenstern, dem großen deutschen Dichter (1871–1914).

Gebet

Friede, der nun alles füllet,
erfüll auch uns mit süßer Ruh,
und bis ein Tag sich neu enthüllet,
deck uns mit trauten Träumen zu.

Wie manches, was des Tages Wille
mit rechter Klarheit nicht ergreift,
dem hilf, daß es in deiner Stille
zu freundlicher Vollendung reift.

Wen Schicksalsschläge grausam trafen,
den laß vergessen, was geschehn;
wer neid- und haßerfüllt entschlafen,
den laß versöhnt den Morgen sehn!

So allem, dem gleich uns auf Erden
zuteil des Lebens schwankes Los,
laß deines Segens Tiefe werden,
gib Kraft aus deinem heil'gen Schoß!

Anhang

Zum Weiterlesen – mehr Heilgebete

Roland Breitenbach: Das Wort, das heilt. Für Zeiten der Krankheit. © Katholisches Bibelwerk. Stuttgart 2003

Woty Gollwitzer-Voll (Hrsg.): Du bist mein Arzt. Gebete für kranke Menschen. © Claudius Verlag. München 2003

Hermann Hesse: Jedem Anfang wohnt ein Zauber inne. Lebensstufen. © Suhrkamp Verlag. Frankfurt am Main 13. Auflage 2004

Peter K. Köhler: Heilgebete. Für viele Krankheiten und gegen den Stress des Alltags. © Sankt Ulrich Verlag. Augsburg 2. Auflage 1999

Erich Legler: Auf dich vertraue ich. Mit Kranken und Sterbenden beten. © Schwabenverlag. Ostfildern 2002

Francis MacNutt: Die Kraft zu heilen. Durch Gebet und Meditation. © Topos Verlag. Graz u. a. 2000

Berthold A. Mülleneisen: Heilgebete. Spirituelle Kraft für Körper und Seele. © F. A. Herbig Verlag. München 5. Auflage 2004

Hermann Multhaupt: Möge Gottes Wille hundertmal willkommen sein. Alte irische Segenswünsche II. © Bergmoser + Höller Verlag AG. Aachen 1993

Heinz Schürmann: Rosenkranz und Jesusgebet. Anleitung zum inneren Beten. © Herder Verlag. Freiburg u. a. 1986

Emiliano Tardif/Philippe Madre: Das Charisma der Heilung und Gebete um Heilung. © Vier Türme Verlag. Münsterschwarzach 3. Auflage 1999

Verwendete Literatur

Kurt Allgeier: Mit der Bibel heilen. Medizinisches Uraltwissen neu entdecken. © Droemer Knaur Verlag. München 1992

Matthias Augustin/Volker Schmiedel: Praxisleitfaden Naturheilkunde. Methoden, Diagnostik, Therapieverfahren in Synopsen. © Urban & Fischer Verlag. München/Jena 3. Auflage 2000

Joachim Bauer: Das Gedächtnis des Körpers. Wie Beziehungen und Lebensstile unsere Gene steuern. © Eichborn Verlag. Frankfurt am Main 2002

Die Bibel. Altes und Neues Testament. Einheitsübersetzung. © Herder Verlag. Freiburg u. a. 2002

Elvira Bierbach u. a. (Hrsg.): Naturheilpraxis heute. Lehrbuch und Atlas. © Urban & Fischer Verlag. München/Jena 2. Auflage 2002

Claus Buddeberg/Jürg Willi: Psychosoziale Medizin. © Springer Verlag. Berlin u. a. 2. Auflage 1998

David Cohen: Lexikon der Psychologie. Namen, Daten, Begriffe. © Seehamer Verlag. Weyarn 1997

Rüdiger Dahlke: Krankheit als Sprache der Seele. Be-Deutung und Chance der Krankheitsbilder. © Goldmann Verlag. München 1997

Thorwald Dethlefsen/Rüdiger Dahlke: Krankheit als Weg. Deutung und Be-Deutung der Krankheitsbilder. © Goldmann Verlag. München 1996

Christoph Einiger (Hrsg.): Die schönsten Gebete der Welt. Der Glaube großer Persönlichkeiten. © Südwest Verlag. München 10. Auflage 1983

Jerome D. Frank: Die Heiler. Über psychotherapeutische Wirkungsweisen vom Schamanismus bis zu den modernen Therapien. © Deutscher Taschenbuch Verlag. München 1985

Michael Gershon: Der kluge Bauch. Die Entdeckung des zweiten Gehirns. © Goldmann Verlag. München 2001

Gottfried Hertzka/Wighard Strehlow: Handbuch der Hildegard-Medizin. © Bauer Verlag. Freiburg 5. Auflage 1991

Caryle Hirshberg/Marc Barasch: Gesund werden aus eigener Kraft. Spontanheilung bei Krebs. © Droemer Knaur Verlag. München 1997

Hans Jellouschek: Wie Partnerschaft gelingt – Spielregeln der Liebe. Beziehungskrisen sind Entwicklungschancen. © Herder Verlag. Freiburg u. a. 11. Auflage 2003

Angelika Koppe: Mut zur Selbstheilung. Innere Körperreisen und Visualisierungen nach der Methode Wildwuchs. © Diametric Verlag. Würzburg 2004

Cordula Neuhaus: Das hyperaktive Kind und seine Probleme. © Urania Verlag. Berlin 11. Auflage 2002

Christiane Northrup: Frauenkörper Frauenweisheit. Wie Frauen ihre ursprüngliche Fähigkeit zur Selbstheilung wiederentdecken können. © Zabert Sandmann Verlag. München 5. Auflage 2001

Willibald Psychrembel (Begr.): Pschyrembel Klinisches Wörterbuch. © de Gruyter Verlag. Berlin/New York 260. Auflage 2004

Anthony Robbins: Grenzenlose Energie. Das Power Prinzip. Wie Sie Ihre persönlichen Schwächen in positive Energie verwandeln. © Heyne Verlag. München 16. Auflage 2000

Anna Elisabeth Röcker: Bach-Blüten. Krankheit als Weisung der Seele. © Ludwig Verlag. München 1999

Herbert Vorgrimmler: Neues Theologisches Wörterbuch. Mit CD-ROM. © Herder Verlag. Freiburg u. a. 2000

Quellenverzeichnis

16 *Paracelsus:* Gebet eines Arztes. Aus: Einiger a. a. O.

20 *H. K. Iranschähr:* Die Heilkraft des Gebetes. Aus: Einiger a. a. O.

50 *Friedrich Spitta:* Im Frieden dein, o Herre mein. Aus: Bischöfe Deutschlands und Österreichs und der Bistümer Bozen-Brixen und Lüttich (Hrsg): Gotteslob. Katholisches Gebet- und Gesangbuch. © Katholische Bibelanstalt GmbH. Stuttgart 1975

52 *Thomas Morus:* Bitte um einen gesunden Leib und eine gesunde Seele. Aus: Bischöfe Deutschlands und Österreichs und der Bistümer Bozen-Brixen und Lüttich (Hrsg): Gotteslob. Katholisches Gebet- und Gesangbuch. © Katholische Bibelanstalt GmbH. Stuttgart 1975

84 *Ricarda Huch:* Gebet in höchster Not. Aus: Ricarda Huch: Herbstfeuer. Die Gedichte. © Suhrkamp Verlag. Frankfurt am Main 1999.

92 *Hermann Multhaupt:* Aufforderung zum Glücklichsein. Aus: Hermann Multhaupt: Möge Gottes Wille hundertmal willkommen sein. Alte irische Segenswünsche II. © Bergmoser + Höller Verlag AG. Aachen 1993

97 *Joseph von Eichendorff:* Was ich wollte ... Aus: Einiger a. a. O.

107 *Hermann Hesse:* Stufen. Aus: Hermann Hesse: Sämtliche Werke. Band 10: Die Gedichte. © Suhrkamp Verlag. Frankfurt am Main 2002

134 *Swami Sivananda:* Gott denken. Aus: Einiger a. a. O.

153 Fürbitte für die Kranken. Aus: Benediktiner der Erzabtei Beuron (Hrsg.): Der Große Wochentagsschott. Teil 1: Advent bis 13. Woche im Jahreskreis. © Herder Verlag. Freiburg u. a. 1976

159 *François-René de Chateaubriand:* Erlösung. Aus: Einiger a. a. O.

166 *Christian Morgenstern:* Gebet. Aus: Einiger a. a. O.

Über dieses Buch

Die Autoren

Dr. Jürgen Werlitz ist Professor für Alttestamentliche Exegese an der Katholisch-Theologischen Fakultät der Universität Augsburg. Seine Lehraufträge für Bibelwissenschaften führten ihn an die Hochschulen in Regensburg, Eichstätt und Benediktbeuern. Jürgen Werlitz ist Verfasser zahlreicher Sachbücher zu religiösen Themen. 2005 erschien im Weltbild Buchverlag der Titel »Die schönsten Klöster in Deutschland, Österreich und der Schweiz« (zusammen mit Gerald Drews).

Margit Hummel arbeitet in eigener Praxis für Psychotherapie (HPG) mit Menschen in schwierigen Lebenssituationen. Sie ist Dozentin an einer großen deutschen Heilpraktikerschule und fachliche Leiterin im Institut für Kompetenztraining in Friedberg/Bayern. Als Qualitätsmanagerin unterstützt sie Arztpraxen. Zum Ausgleich fertigt sie als Schneidermeisterin Kleidung für Menschen mit besonderen Bedürfnissen. Margit Hummel schreibt neben Fachartikeln auch Märchen und Gedichte.

Haftungsausschluss

Die Inhalte dieses Buches sind sorgfältig recherchiert und erarbeitet worden. Dennoch können weder die Autoren noch der Verlag für die Angaben in diesem Buch eine Haftung übernehmen.

Hinweis

Die biblischen Texte folgen der Einheitsübersetzung.

Impressum

Weltbild Buchverlag
–Originalausgaben–

3. Auflage 2005

Projektleitung: Gerald Fiebig
Redaktion: Jürgen Bolz
Umschlag: Sabine Novotny, München
Umschlagabbildung: Photodisc
Satz: Dirk Risch, Berlin
Reproduktion: Point of Media GmbH, Augsburg
Druck und Bindung: GGP Media GmbH, Karl-Marx-Straße 24, 07381 Pößneck

Gedruckt auf chlorfrei gebleichtem Papier

Printed in Germany

ISBN 3-89897-182-1

Stichwortverzeichnis